RHIC BOOK SERIES
香港大學中國制度研究中心叢書

守正之中開新局

「一國兩制」在香港的適應性變革

香港大學中國制度研究中心　編著

中華書局

目錄

前言

　　自 1997 年回歸至今，由中華人民共和國中央人民政府制定的「一個國家、兩種制度」的基本方針（以下簡稱「一國兩制」），已在香港特別行政區付諸實踐二十五年。二十五年間，「一國兩制」方針在香港特別行政區的實踐，取得了舉世公認的成就，確保了香港的長期繁榮穩定。

　　中共十八大以來，習近平總書記就新形勢下堅持「一國兩制」方針等重大問題作出了一系列重要論述，為推進「一國兩制」實踐行穩致遠提供了根本遵循。習近平總書記指出，香港特別行政區的民主發展必須遵循「一國兩制」方針和香港基本法，從本地實際出發，依法有序進行。[1]

　　針對近年來香港出現的政治亂象及其造成的嚴重危害，中國共產黨和中央政府審時度勢，作出健全依照憲法和基本法對特別行政區行使全面管治權、完善同憲法和基本法實施相關制度機制的重大決策，推動建立健全香港特別行政區維護國家安全的法律制度和執行機制，完善香港特別行政區選舉制度，堅

---

[1]　國務院新聞辦公室：《「一國兩制」下香港的民主發展》白皮書，國務院新聞辦公室，2021 年 12 月 20 日。

定落實「愛國者治港」原則。這一系列標本兼治的舉措,推動香港局勢實現由亂到治的重大轉折,推動香港特別行政區民主發展重新回到正確軌道。中央政府將堅定不移、全面準確貫徹「一國兩制」方針,堅定不移支持香港特別行政區發展符合其憲制地位和實際情況的民主制度。

香港回歸祖國二十五年來,中央和特區政府堅持全面、準確貫徹「一國兩制」方針,所取得的舉世矚目的重大成就,概括而言具有以下五個主要方面。第一,徹底結束了港英政府對香港的殖民管治,順利確立了以中華人民共和國憲法和香港特別行政區基本法為基礎的新的政治秩序和法律制度。第二,協助中央人民政府接管和順利行使與香港特別行政區相關的防務和外交權力,並獲得國際社會的認可。第三,成功組建包括行政、立法和司法機構在內的新的香港特別行政區政權組織架構,對香港實現了持續、全面和有效的管治。第四,認真履行

2022 年 5 月 8 日,李家超當選中華人民共和國香港特別行政區第六任行政長官。(新華網記者王申攝)

高度自治職責，成功保持了香港社會經濟制度的高度延續性，維護了自由營商環境，初步改善了香港原有的經濟關係和投資結構，保持了香港的繁榮穩定。第五，完善了與國家安全有關的法律制度和執行機制，完善了選舉制度，實現了由亂到治、由治而興的歷史轉折。

近年來──特別在 2014 年「佔領中環」非法集會之後──「一國兩制」在香港的實踐也面臨着一系列新情況，主要體現在：香港政治體制中長期存在的張力（tension）始終無法得到解決，香港社會的撕裂（division）、對抗（confrontation）及極化（polarization）趨勢有顯著上升，在政治衝突激化的狀況下香港現有法治秩序遭遇相當程度挑戰，與中央人民政府和特區政府處於對立位置的部分香港政治力量出現意識形態與行為模式上的激進化趨向，以謀求「香港獨立」為標誌的分離主義勢力持續上升並實現了活動及言論公開化，作為全球民粹主義趨勢一部分的香港反體制青年運動有所抬頭，香港特別行政區政府施政面臨經常性、結構性的困難，甚至人為阻滯。2019年，香港發生了以「反修例」為幌子的較長時間的社會政治風波。

這些新情況，都曾對特區政府的良好管治及全面、準確落實「一國兩制」基本方針構成程度不同的新的困難，但也昭示着新時代「一國兩制」適應性變革的需要。我們希望通過檔案研究、深度訪談和事件分析，回顧與分析「一國兩制」作為政治和法律制度的基本原則、運行思路和重要特徵，跟蹤「一國兩制」方針在香港政治實踐中所面臨的新情況、新問題，研究在「一國兩制」和基本法框架下中央和特區關係的形態，並就

出現的相關新問題和新情況進行政策研究，有針對性地提出應對建議。

本書擬從回顧由「一國兩制」基本方針所構建的政治制度本源入手，跟蹤分析和綜合研究當前在特區政治中出現的新情況，為促進政學各界對「一國兩制」實踐中最新政治問題進行恆常性對話研商提供思路，並針對「一國兩制」在新時期的調適，以及增強特區政府的適應性管治能力（adaptive governance）、改善中央與特區關係等方面提出政策建議。

本書採取「制度主義徑路」（institutionalist approach）。所謂「制度」（institution），就是那些「具有持續性的、且被用來塑造、限制以及轉變人類行為的規則」。[2] 就政治學的解釋徑路而言，制度主義的根本觀點可以被概括為：「認為政治制度是可以被用來解釋政治事件和政治現象的核心變數，制度及制度構建物不但塑造政治過程，而且影響政治後果。」

具體而言，制度可以從以下五個方面，影響政治過程和政治結果。第一，制度及制度建構物可以決定政治過程參與者的資格和範圍，即制度決定各層次、各類型政治生活的准入資格。第二，制度及制度建構物可以決定政治競爭過程的勝利者和失敗者。第三，制度及制度建構物可以影響甚至決定政治、經濟和社會資源的分配。第四，在制度設計的指引下，不同政治系統中的政治家們可以形成自己的相應的政治動機（incentive）和政治策略（strategy）。第五，制度和制度建構物

2　閻小駿：《當代政治學十講》，香港：香港中文大學出版社，2016 年，第 120 頁。.

可以幫助塑造人們的政治身份和政治認同。

　　從制度主義視角出發，「一國兩制」是一個完整、複雜和精巧的制度體系，有其獨特的理論基礎和制度實踐，值得深入研究。為此，在研究過程中，我們廣泛採用了文本分析與田野調查相結合的方法，結合具體事件，保證本書具有相當程度的客觀性和實效性、不致流於空談，並試圖重構「一國兩制」制度體系創立、發展與實踐的語境，力求全面理解「一國兩制」之完整意涵。

　　基於這樣的研究目的、研究思路和研究方法，在「一國兩制」在香港的適應性變革這一主題之下，本書主要關注四個話題，分別是中共十八大以來中央對港方針政策、香港政治委任制度（「旋轉門」）、香港公務員制度（特別是「政治中立」原則）和香港青年問題。這四個話題都是在「一國兩制」制度體系創立、發展與實踐中具有重要意義的話題，可以幫助揭示中央與香港關係、香港政制發展和「一國兩制」未來等重大課題，也有助於反映「一國兩制」在香港的適應性變革的問題、障礙與方向。

　　制度的運作有其自身的邏輯，而這一邏輯，很大程度上是歷史地形成的。因此，認識制度的歷史淵源，尤其是理解制度設計者的原初意圖，對於制度在不同歷史時期的具體實踐具有重要指導價值。同時，制度往往也需要因時而遷、因事而變。因此，認識制度的演化變遷，尤其是學習領會中央的政策制定思路，對於制度在當下和未來的具體實踐具有重要指導價值。近年來，圍繞「一國兩制」的具體含義產生不少爭議，對「一國兩制」方針的繼承與發展進行回顧式研究尤顯必要。

　　「一國兩制」方針和制度體系，是由中央在上世紀八十年代提出、設計，並由中央在九十年代港澳回歸之時透過全國人大制定基本法和設立特別行政區等方式，使其在港澳地區落地實踐。因此，中央與特區關係，可謂是「一國兩制」制度體系中最重要的一環；分析中央對港方針政策，是「一國兩制」研究中綱舉目張的第一步。同時，香港的「一國兩制」研究一般從本地視角出發，更關注「兩制」，尤其是香港自身的政制發展，而較少強調國家戰略層面的考量。中共十八大以來，中央提出並實施了一系列具有理論創新和實踐創新意義的「依法治港」之「頂層設計」、「底線思維」和重大戰略舉措，取得了在香港特區全面準確地理解認識和貫徹落實「一國兩制」方針政策的重大成果、重大突破，指引了在實現中華民族偉大復興進程中全面完成香港同胞「人心回歸」歷史任務的正確方向。

　　第一章「新時代『一國兩制』方針的繼承與發展」，通過政策分析和檔案研究，從中共十八大以來以習近平為核心的黨中央對於香港問題和「一國兩制」方針的一系列重要政治論述、政策措施和法律法規出發，結合「一國兩制」方針的設計原意，整理新時代「一國兩制」方針的思想和實踐，梳理「一國兩制」政治實踐中的重要論述，系統了解「一國兩制」方針在香港取得的成就和面對的困難、重新認識中央與特區關係，並為「一國兩制」在香港的適應性變革預測方向，對於力求全面反映中共十八大以來中央對港政策和論述的演進與發展，對於全面準確理解、掌握和貫徹「一國兩制」方針，對於正確觀察和處理香港事務，具有現實意義。

　　在系統回顧探討了新時代「一國兩制」方針的繼承與發展

之後，我們轉向「一國兩制」在香港的實踐及香港管治的制度問題。「港人治港」、高度自治，是「一國兩制」制度體系的重要內容。「行政主導」則是香港管治架構的基本特徵。因此，本書在研究香港管治問題時，首先聚焦於香港的行政體系，力圖澄清香港的「行政主導制」的歷史淵源與調適發展，並在理論與經驗研究的基礎上，展望其改革方向。而在香港特區管治架構中，特別是在特區政府中，政治委任官員和公務員分別承擔政策的決策與執行，是「一國兩制」在港實踐的重要參與者，也是「一國兩制」在香港的適應性變革的重要參與者。本書第二章「豐富『一國兩制』在香港的實踐：『旋轉門』制度」和第三章「『一國兩制』實踐中的公務員制度」，以香港的「旋轉門」制度（即政治委任制度）和公務員制度中的「政治中立」原則作為切入點，探討了香港的公共行政制度的理論基礎、歷史變遷和當前問題，並提出了相應的改革建議，以為改善「一國兩制」在香港的實踐以及提高特區管治質素提供支援。

「一國兩制」在香港的實踐，不僅需要中央的指導和特區政府的依法施政，也需要廣大香港市民的支持與配合，需要回應或正視香港市民的心聲和訴求。但是，不可否認，近年來，香港特區政府的管治威信受到不少市民的質疑。其中，青年被認為是所謂非建制派陣營的主力；不斷趨於激烈化的青年運動，成為管治香港需要面對的重要政治議題。

自 2012 年的「反國民教育」風波以來，香港青年逐漸成為社會運動的「急先鋒」。從 2014 年的非法「佔中」，到 2016 年的「旺角暴亂」，再到 2019 年的「修例風波」，香港青年運動朝着愈來愈激進的方向發展，由此極大地加劇了香港社會的

對立情緒，造成了嚴重的社會撕裂和社會動蕩。青年是國家的未來。對於「一國兩制」和香港管治而言，青年事務亦是一個相當重要的內容。尤其是在青年運動頻發的大背景下，香港社會各界都應努力思考以下問題：第一，近年來的香港青年運動背後，究竟有哪些深層次原因？第二，香港應如何開展青年事務，以更好地凝聚人心，維護繁榮穩定？

因此，在本書第四章「『一國兩制』實踐與香港青年：挑戰及回應」，我們對「一國兩制」之下香港青年參與社會運動的社會現象，特別是香港青年一代對於「一國兩制」理論與實踐的看法，進行了系統研究，探討了青年問題背後的政治、經濟及社會因素，並對香港當前的青年事務提出了全面的政策建議，以求更好地推進「一國兩制」下香港青年事務的開展，並為特區政府與青年一代開展有效對話提供背景研究。

本書提出新的政策思路，以促進未來學術和政策研究界人士就落實「一國兩制」中出現的新情況以及中央和特區關係有關問題進行深入對話，有利於加強政治溝通，提高公共政策質素。作為公開出版發行的書籍，本書對於向公眾宣介「一國兩制」和基本法、加強公共諮詢亦具相當意義。

新時代
「一國兩制」
方針的繼承
與發展

　　2022 年是中國政府恢復對香港行使主權二十五周年。如果以 1979 年元旦中共中央發表《對台灣同胞書》提出和平統一祖國的方針為起點，「一國兩制」也已走過了四十三年歷程。

　　1997 年回歸以來，「一國兩制」在香港的實踐取得了重要成就，同時亦面臨一些新的困境與現實挑戰。不可否認的是，近年以來，以 2014 年非法「佔中」、2015 年「政改爭端」及 2019 年「修例風波」等一系列政治事件為標誌，「一國兩制」在香港的實踐和香港的有序管治遭逢新的問題與困難，香港政治發展本身也出現新的形勢及世代變化，需要中央政府、特區政府、香港社會和廣大市民共同予以適切回應。

　　這些新的挑戰主要包括：

　　第一，香港的社會運動呈激進化趨勢，原有的政治秩序受到一定衝擊，以「港獨」思潮為代表的新的議題和新的意識形態逐漸進入公眾視野和政治話語。

　　第二，香港特別行政區政府原有的管治架構和管治思路難以應對新的政治形勢和政治議題，進一步提高特區管治的質素存在阻力。

　　第三，出生於 1997 年之後的香港青年一代開始成為社會運動的主體，並成為處於中央人民政府和香港特別行政

區政府對立位置的政治勢力的主要來源和社會基礎。

　　所有這些新的情況，都對「一國兩制」方針在香港特別行政區的全面、準確貫徹落實提出新的問題及帶來新的考驗。

　　面對這一系列困難，正如全國港澳研究會副會長、中國人民大學台港澳研究中心主任齊鵬飛教授所評論的那樣，中央與時俱進地將「中央政府對香港、澳門實行的各項方針政策」之「根本宗旨」，由傳統的突出強調「保持香港、澳門長期繁榮穩定」一個方面，調整為現行的辯證統一的「維護國家主權、安全、發展利益」和「保持香港、澳門長期繁榮穩定」兩方面並重。[1]

　　中共中央總書記、國家主席、中央軍委主席習近平明確提出，「辦好香港的事情，關鍵是要全面準確理解和貫徹『一國兩制』方針，維護基本法權威」，而要「全面準確」，就「必須把堅持一國原則和尊重兩制差異、維護中央權力和保障特別行政區高度自治權、發揮祖國內地堅強後盾作用和提高港澳自身競爭力有機結合起來，任何時候都不能偏廢」。[2]

　　本章將就中國共產黨第十八次全國代表大會以來中央關於港澳問題的主要論述和重大政策，進行系統回顧，全面梳理新時代中央對港政策和「一國兩制」方針在港全面、準確實踐的歷程。

1　齊鵬飛：〈中共十八大以來習近平「依法治港」的新理念、新論述初探〉，《黨史研究與教學》，2016 年第 4 期，頁 4－16。

2　習近平：〈在慶祝香港回歸祖國 20 周年大會暨香港特別行政區第五屆政府就職典禮上的講話〉（2017 年 7 月 1 日），新華社，2017 年 7 月 1 日。

第一節　中共十八大報告關於港澳問題的論述

中國共產黨第十八次全國代表大會（以下簡稱中共十八大或黨的十八大）於 2012 年 11 月 8 日至 14 日在北京召開。出席大會的代表 2,268 人（由全國 40 個單位選舉產生），特邀代表 57 人，代表當時全國 8,260 萬名黨員。

中共十八大的主題是：高舉中國特色社會主義偉大旗幟，以鄧小平理論、「三個代表」重要思想、科學發展觀為指導，解放思想，改革開放，凝聚力量，攻堅克難，堅定不移沿着中國特色社會主義道路前進，為全面建成小康社會而奮鬥。

中共十八大的議程為：聽取和審查十七屆中央委員會的報告；審查十七屆中央紀律檢查委員會的工作報告；審議通過《中國共產黨章程（修正案）》；選舉十八屆中央委員會；選舉十八屆中央紀律檢查委員會。

中共十八大選舉了新一屆的中共中央領導層，包括中央委員會委員、中央候補委員、中央紀律檢查委員會委員。11 月 15 日，中共十八屆一中全會選舉習近平為中央委員會總書記，並選舉產生中央政治局、中央政治局常務委員會、中央書記處、中共中央軍委等機構的組成人員。

中共十八大報告題為《堅定不移沿着中國特色社會主義道路前進、為全面建成小康社會而奮鬥》。報告對港澳問題提出了新的論述，值得全面介紹和深入剖析。具體而言，報告第十部分《豐富「一國兩制」實踐和推進祖國統一》指出：

香港、澳門回歸以來，走上了同祖國內地優勢互補、共同發展的寬廣道路，「一國兩制」實踐取得舉世公認的成功。中央政府對香港、澳門實行的各項方針政策，根本宗旨是維護國家主權、安全、發展利益，保持香港、澳門長期繁榮穩定。全面準確貫徹「一國兩制」、「港人治港」、「澳人治澳」、高度自治的方針，必須把堅持一國原則和尊重兩制差異、維護中央權力和保障特別行政區高度自治權、發揮祖國內地堅強後盾作用和提高港澳自身競爭力有機結合起來，任何時候都不能偏廢。

中央政府將嚴格依照基本法辦事，完善與基本法實施相關的制度和機制，堅定支持特別行政區行政長官和政府依法施政，帶領香港、澳門各界人士集中精力發展經濟、切實有效改善民生、循序漸進推進民主、包容共濟促進和諧，深化內地與香港、澳門經貿關係，推進各領域交流合作，促進香港同胞、澳門同胞在愛國愛港、愛國愛澳旗幟下的大團結，防範和遏制外部勢力干預港澳事務。

我們堅信，香港同胞、澳門同胞不僅有智慧、有能力、有辦法把特別行政區管理好、建設好，也一定能在國家事務中發揮積極作用，同全國各族人民一道共用做中國人的尊嚴和榮耀。[3]

3　胡錦濤：《堅定不移沿着中國特色社會主義道路前進　為全面建成小康社會而奮鬥——在中國共產黨第十八次全國代表大會上的報告》（2012 年 11 月 8 日），《人民日報》2012 年 11 月 18 日。

（一）背景

　　新中國成立後相當長的時期內，中國政府對香港問題的基本立場是：香港是中國的領土，不承認帝國主義強加的三個不平等條約，在條件成熟的時候爭取通過和平手段解決這一歷史遺留下來的問題；在未解決之前，維持現狀。從 1979 年 3 月鄧小平同志會見香港總督麥理浩到 1982 年 3 月中國政府解決香港問題的十二條方針政策基本定型，直至後來的中英談判和基本法起草，在「一國兩制」方針孕育、成熟並用於指導香港問題解決的全過程中，中國政府堅持的原則立場始終包含兩個方面：一是香港主權問題不容討論，1997 年中國政府必須對香港恢復行使主權；二是中國政府會考慮到香港的歷史和現實情況，實行特殊的政策，以保持香港的平穩過渡和長期繁榮穩定。中國政府處理澳門問題的基本立場與處理香港問題的基本立場是一致的，有關方針政策也是大同小異。

　　1984 年，《中英聯合聲明》簽署。1997 年，香港順利回歸。2007 年至 2012 年，中央又陸續出台了一系列支持港澳、促進內地與港澳經濟共同發展的政策措施，特別是 2011 年公佈的國家「十二五」規劃綱要首次將涉港澳政策內容單列成章，進一步明確了港澳在國家發展戰略全局中的定位。這些政策措施主要包括：擴充內地與港澳更緊密經貿關係安排（CEPA）的內容，增簽並實施了六個補充協議；穩步擴大內地居民赴港澳「個人遊」，覆蓋面達至內地 49 個城市，超過 2 億居民；務實推進內地與香港金融合作，先後推出了允許內地機構在港發行人民幣債券、國債，允

許香港銀行開展跨境人民幣結算試點並逐步將結算範圍擴大至全國等多項措施（至 2012 年 8 月底，香港人民幣存款總額已達 5,523 億元，跨境貿易人民幣結算累計達 30,300 億元）；推進以粵港澳合作為重點的區域合作，先後批准實施《珠江三角洲地區改革發展規劃綱要（2008－2020 年）》、《橫琴總體發展規劃》、《前海深港現代服務業合作區總體發展規劃》；大力推動內地與港澳跨境基礎設施建設合作，港珠澳大橋、廣深港高鐵等大型基建項目正在建設中；向港澳保質保量供應食品、水、電、天然氣等物資，確保港澳居民日常生活所需。

1997 年至 2012 年這十多年間，「一國兩制」方針全面付諸實踐，並取得舉世公認的成功。中共十八大報告在總結實踐經驗的基礎上，深入闡述了「一國兩制」方針的科學內涵，明確提出了港澳工作的總體要求，充分表達了對港澳同胞的信任。中共十八大報告的有關新思想、新論述反映了中央對「一國兩制」實踐及其規律性認識的不斷深化，是對「一國兩制」理論的豐富和發展。

（二）港澳政策的根本宗旨

中共十六屆四中全會首次提出，「保持香港、澳門長期繁榮穩定是黨在新形勢下治國理政面臨的嶄新課題」。[4] 中

4　《中國共產黨第十六屆中央委員會第四次全體會議公報》（2004 年 9 月 19 日），中國新聞網 2004 年 9 月 19 日，https://www.chinanews.com.cn/news/2004/2004-09-19/26/485734.shtml。

共十七大報告將前述「嶄新課題」修改為「重大課題」。[5]
中共十八大報告提出，「中央政府對香港、澳門實行的各項
方針政策，根本宗旨是維護國家主權、安全、發展利益，
保持香港、澳門長期繁榮穩定」[6]。

　　首先，十八大報告的新論述回答了香港對於國家的重
要性的問題。對於「一國兩制」下的香港特區，中央政府
推出的方針政策，除了主權的象徵外，目的都是要維護包
括香港同胞在內的十三億人民的安全與利益；而香港發生
的事往往會影響國家利益，絕不能忽視。

　　其次，十八大報告的新論述回答了國家為什麼如此支
持香港。事實上，維護國家利益與維護香港利益，兩者並
不能割裂，如果沒有國家的安全與發展，香港的繁榮穩定
一切都是空談。香港、澳門回歸後，對香港、澳門恢復行
使主權的歷史任務已經完成，但維護國家主權、安全、發
展利益和保持香港、澳門繁榮穩定卻是永恆主題和長久
任務。

　　早在中英談判過程中，鄧小平就多次強調對香港恢復
行使主權的重要性和必要性。鄧小平向戴卓爾夫人表示：
「坦率地講，主權問題不是一個可以討論的問題。現在時機
已經成熟了，應該明確肯定：一九九七年中國將收回香港。

5　胡錦濤：《高舉中國特色社會主義偉大旗幟　為奪取全面建設小康社會新
　　勝利而奮鬥——在中國共產黨第十七次全國代表大會上的報告》（2007 年
　　10 月 15 日），新華社 2007 年 10 月 24 日。

6　胡錦濤：《堅定不移沿着中國特色社會主義道路前進　為全面建成小康社
　　會而奮鬥——在中國共產黨第十八次全國代表大會上的報告》。

就是說，中國要收回的不僅是新界，而且包括香港島、九龍。中國和英國就是在這個前提下來進行談判，商討解決香港問題的方式和辦法。」[7]

在鄧小平看來，「英國的管轄」並不是香港保持繁榮穩定的必要條件，「香港繼續保持繁榮，根本上取決於中國收回香港後，在中國的管轄之下，實行適合於香港的政策。香港現行的政治、經濟制度，甚至大部分法律都可以保留，當然，有些要加以改革⋯⋯人們還議論香港外資撤走的問題。只要我們的政策適當，走了還會回來的。所以，我們在宣佈一九九七年收回香港的同時，還要宣佈一九九七年後香港所實行的制度和政策」。[8]

同時，「一國兩制」方針的目的之一就是推動改革開放、服務國家發展。鄧小平表示：「如果說在本世紀內我們需要實行開放政策，那末在下個世紀內的前五十年內中國要接近發達國家的水準，也不能離開這個政策，離開了這個政策不行。保持香港的繁榮穩定是符合中國的切身利益的。所以我們講『五十年』，不是隨隨便便、感情衝動而講的，是考慮到中國的現實和發展的需要。⋯⋯如果懂得了這點，知道我們的基本觀點，知道我們從什麼出發提出這個口號、制定這個政策，就會相信我們不會變。」[9]

7　鄧小平：〈我們對香港問題的基本立場〉，《鄧小平文選》（第三卷），北京：人民出版社（1993），頁 12−15。

8　同上。

9　鄧小平：〈中國是信守諾言的〉，《鄧小平文選》（第三卷），頁 101−103。

　　香港、澳門回歸以來，中央政府制定的涉及港澳的一系列政策，採取的涉及港澳的各項重大舉措，無論是政治法律、經濟民生還是社會生活方面的，出發點和落腳點都是為了維護國家主權、安全、發展利益，保持香港、澳門長期繁榮穩定。所以說，這兩個方面不僅體現了中國政府處理港澳問題的一貫立場和原則，而且是中央政府對香港、澳門實行的各項方針政策的根本宗旨。中央在「一國兩制」實踐過程中遇到的問題複雜多樣，處理問題的思路和方式也不盡相同，但萬變不離其宗，從根本上來說，都是為了這兩個方面。也只有兼顧這兩個方面，才能全面把握「一國兩制」方針的核心要求和基本目標。

（三）把三對關係有機結合起來

　　中共十八大報告還特別強調，必須把堅持一國原則和尊重兩制差異、維護中央權力和保障特別行政區高度自治權、發揮祖國內地堅強後盾作用和提高港澳自身競爭力有機結合起來，任何時候都不能偏廢。[10]

1. 堅持一國原則和尊重兩制差異

　　堅持「一國」原則，最根本的就是要維護國家主權、安全、發展利益，而不能做有損於國家主權、安全、發展

10　胡錦濤：《堅定不移沿着中國特色社會主義道路前進　為全面建成小康社會而奮鬥——在中國共產黨第十八次全國代表大會上的報告》。

利益的事情。尊重「兩制」差異，就是中央政府和內地民眾與兩個特別行政區政府和社會各界人士都要相互尊重對方所實行的社會制度，包括意識形態方面的某些差異。從內地來講，對特別行政區實行的資本主義制度以及與之伴生的一些現象，要有足夠的尊重和包容，不能按照內地的觀念和標準去衡量和要求。對其中某些先進的管理制度和經驗，內地仍要虛心學習和借鑒。特別行政區來說，則要尊重國家主體實行的社會主義制度，特別是尊重國家實行的政治體制，尊重內地的司法制度。

把堅持一國原則和尊重兩制差異有機結合起來，也符合「一國兩制」方針中「兩個方面都不變」的設計原意。

鄧小平認為，中國的現代化建設，不僅要依靠改革開放政策，還必須堅持社會主義制度；香港如想享有「一國兩制」下的繁榮穩定，必須在堅持自身資本主義制度不變的同時，尊重國家主體的社會主義制度不變，即「兩個方面都不變」。因此，鄧小平語重心長地說：「講不變，應該考慮整個政策的總體、各個方面都不變，其中一個方面變了，都要影響其他方面。所以請各位向香港的朋友解釋這個道理。試想，中國要是改變了社會主義制度，改變了中國共產黨領導下的具有中國特色的社會主義制度，香港會是怎樣？香港的繁榮和穩定也會吹的。要真正能做到五十年不變，五十年以後也不變，就要大陸這個社會主義制度

不變。」[11]

　　用鄧小平的話講，「中國的主體必須是社會主義，但允許國內某些區域實行資本主義制度，比如香港、台灣。大陸開放一些城市，允許一些外資進入，這是作為社會主義經濟的補充，有利於社會主義社會生產的發展。比如外資到上海去，當然不是整個上海都實行資本主義制度。深圳也不是，還是實行社會主義制度。中國的主體是社會主義」。[12]

2. 維護中央權力和保障特別行政區高度自治權

　　在「一國兩制」下，特別行政區享有高度自治權，包括行政管理權、立法權、獨立的司法權和終審權。特別行政區享有的許多自治權，如自行制定貨幣金融政策、終審權等，都是聯邦制國家的州所沒有的。香港、澳門回歸祖國以來，中央政府一直強調不干預特別行政區自治範圍內的事務，實際執行情況也是有目共睹的。但是，高度自治不是完全自治，特別行政區的高度自治權也不是香港、澳門固有的，而是來源於中央的授權。

　　基本法對於在「一國兩制」下中央享有的權力作了明確規定。依照基本法的規定，中央的權力並不限於通常所強調的外交權、防務權，還包括：任命行政長官和主要官

11　鄧小平：〈會見香港特別行政區基本法起草委員會委員時的講話〉，《鄧小平文選》（第三卷），頁 215－222。

12　鄧小平：〈一個國家，兩種制度〉，《鄧小平文選》（第三卷），頁 58－61。

員；審查和發回特別行政區制定的法律；決定部分全國性
法律在特別行政區實施；對特別行政區行政長官和立法會
產生辦法及其修改的最終決定權；決定特別行政區進入緊
急狀態；解釋基本法；修改基本法等等。香港回歸以來，
全國人大常委會先後對香港基本法有關條文作過四次解
釋，所針對的都是已經引發社會爭議、確需通過對基本法
解釋加以明確的重大現實問題。圍繞這些解釋，香港社會
曾經出現過一些爭論，某些人以普通法制度下解釋法律由
法院負責為由，排斥全國人大常委會解釋基本法的權力，
甚至危言聳聽地攻擊全國人大常委會釋法損害香港的司法
獨立，至今仍在宣稱特別行政區法院有權判決全國人大常
委會的有關解釋和決定違法，這恰恰是無視基本法的規
定、不尊重中央依法享有的權力的表現。令人高興的是，
隨着時間的推移和釋法積極效果的顯現，全國人大常委會
釋法已經獲得愈來愈多的認同。

　　把維護中央權力和保障特別行政區高度自治權有機結
合起來的論述，也符合「一國兩制」方針中中央應保持必
要權力的設計原意。

　　《中英聯合聲明》草簽之後，1984 年 10 月 3 日，鄧小
平會見由二百人組成的港澳同胞國慶觀禮團時，詳細解釋
了香港駐軍的理據。鄧小平首先表示，他相信香港可以實
現平穩過渡，並保持繁榮穩定。然而，他同時提醒大家，
「切不要以為沒有破壞力量。這種破壞力量可能來自這個方
面，也可能來自那個方面」。中英兩國雖然已經就香港前途
問題達成協議，但總會有些人不打算徹底執行《中英聯合

聲明》,「某種動亂的因素,搗亂的因素,不安定的因素,是會有的。老實說,這樣的因素不會來自北京,卻不能排除存在於香港內部,也不能排除來自某種國際力量」。[13]

鄧小平明確指出,如果發生動亂,中央政府就要加以干預,使香港「由亂變治」——「總會有人搗亂的,但決不要使他們成氣候。」因此,「不能籠統地擔心干預,有些干預是必要的。要看這些干預是有利於香港人的利益,有利於香港的繁榮和穩定,還是損害香港人的利益,損害香港的繁榮和穩定」。[14]

在闡釋了「干預」的必要性後,鄧小平轉向了香港駐軍問題。他指出,中國有權在香港駐軍,此舉有兩個好處:第一,體現中國對香港行使主權。中國是一個單一制國家。港英管治期間,英國即在香港駐軍;如果香港回歸以後,中央不能在香港駐軍,香港豈不是成了一個獨立的政治實體?第二,防止動亂。香港歷來是一個中西交匯的戰略前沿地帶,各方勢力盤根錯節,很容易發生動亂。用鄧小平的話講,「那些想搞動亂的人,知道香港有中國軍隊,他就要考慮。即使有了動亂,也能及時解決」。[15]

1987 年 4 月 16 日,鄧小平會見出席香港特別行政區基本法起草委員會第四次全體會議的全體委員時,再一次指

13　鄧小平:〈保持香港的繁榮和穩定〉,《鄧小平文選》(第三卷),頁 72 － 76。

14　同上。

15　同上。

出，「高度自治」不能損害國家利益，「切不要以為香港的事情全由香港人來管，中央一點都不管，就萬事大吉了」。中央確實不會、亦不需要干預特別行政區的具體事務，但是，當特別行政區發生危害國家根本利益的事情，或危害香港根本利益、而香港自己無法解決的事情，北京就必須過問。鄧小平指出，這種「合理干預」，並不是一個全新發明。畢竟，港英殖民管制期間，香港遇到問題，英國也會過問。沒有理由說，香港回歸祖國以後，中央就撒手不管。因此，鄧小平得出一個結論：「保持中央的某些權力，對香港有利無害。」[16]

鄧小平指出，香港享有言論自由，但不能變成一個反共基地。他表示：「有些事情，比如一九九七年後香港有人罵中國共產黨，罵中國，我們還是允許他罵，但是如果變成行動，要把香港變成一個在『民主』的幌子下反對大陸的基地，怎麼辦？那就非干預不行。干預首先是香港行政機構要干預，並不一定要大陸的駐軍出動。只有發生動亂、大動亂，駐軍才會出動。但是總得干預嘛！」[17]

總而言之，「高度自治」不是「完全自治」，中央應保持必要權力，尤其是國防和外交這兩方面的主權事務，須由中央直接管理。這一制度安排，遠不止有主權象徵意義，更是維護國家安全、保證香港繁榮穩定的一個重要抓

16　鄧小平：〈會見香港特別行政區基本法起草委員會委員時的講話〉，頁215－222。

17　同上。

手。在此問題上，鄧小平深謀遠慮，他看到了發生動亂的可能性，並採取了必要的預防措施。

3. 發揮祖國內地堅強後盾作用和提高港澳自身競爭力

正像中共十八大報告所指出的，香港、澳門回歸以來，走上了同祖國內地優勢互補、共同發展的寬廣道路。特別是在經歷了亞洲金融危機、非典疫情和國際金融危機等嚴重衝擊後，港澳各界人士從親身體驗中進一步認識到偉大的祖國是香港、澳門保持繁榮穩定的堅強後盾。

如背景部分所述，2007 年至 2012 年間，中央出台了一系列支持港澳、促進內地與港澳經濟共同發展的政策措施，這些舉措對於港澳進一步優化產業結構、拓展經濟發展空間、增強抵禦外部經濟風險能力、提升居民信心等發揮了重要作用。毋庸諱言，隨着港澳經濟內部存在的矛盾和問題逐漸累積、內地對外開放水平日益提高以及周邊地區經濟快速發展，港澳原有的部分競爭優勢有所削弱。着眼未來，中央政府堅定支持港澳經濟繁榮發展的政策取向不會改變，但是，從港澳自身來說，要在日趨激烈的國際競爭環境中立於不敗之地，更重要的是要在提升自身競爭力方面務實有為。要順應經濟全球化發展趨勢和世界產業結構調整潮流，着力保持並提升原有優勢，培育新的經濟增長點；用足、用好中央支持港澳發展的各項政策措施，深化與內地的交流合作；不斷促進社會和諧穩定，減少內耗，維護良好的營商環境。

其實，在鄧小平的總體設計中，香港是國家對外開放

的一個重要視窗,「一國兩制」則是國家改革開放的一個重要舉措。鄧小平清楚認識到,中國如想發展目標,就必須堅定不移走改革開放道路。1984 年 10 月 6 日,鄧小平會見參加中外經濟合作問題討論會全體中外代表時明確指出:「對內經濟搞活,對外經濟開放,這不是短期的政策,是個長期的政策,最少五十年到七十年不會變。為什麼呢?因為我們第一步是實現翻兩番,需要二十年,還有第二步,需要三十年到五十年,恐怕是要五十年,接近發達國家的水準。兩步加起來,正好五十年至七十年。到那時,更不會改變了。即使是變,也只能變得更加開放。否則,我們自己的人民也不會同意。」[18]

　　也正因此,中央才對香港作出了回歸以後「五十年不變」的政治承諾。1984 年會見戴卓爾夫人時,鄧小平就表示:「如果開放政策在下一世紀前五十年不變,那麼到了後五十年,我們同國際上的經濟交往更加頻繁,更加相互依賴,更不可分,開放政策就更不會變了。」[19] 1987 年 4 月 16 日,鄧小平會見基本法起草委員會委員時,再次強調「五十年以後更沒有變的必要」。他表示:「今天我想講講不變的問題。就是說,香港在一九九七年回到祖國以後五十年政策不變,包括我們寫的基本法,至少要管五十年。我還要說,五十年以後更沒有變的必要。香港的地位不變,對香

18　中共中央文獻研究室編:《鄧小平年譜:一九七五~一九九七》(下),頁 1001-1002。

19　鄧小平:〈中國是信守諾言的〉,頁 101-103。

港的政策不變，對澳門的政策也不變，對台灣的政策按照
『一國兩制』方針解決統一問題後五十年也不變，我們對內
開放和對外開放政策也不變。」[20]

（四）完善與基本法實施相關的制度和機制

十八大報告也指出，中央政府將嚴格依照基本法辦
事，完善與基本法實施相關的制度和機制。[21] 這彰顯了「一
國兩制」事業在黨和國家工作全局與中華民族偉大復興進
程中的戰略地位，以及中央對「一國兩制」規律性認識
的進一步深化。一方面，香港基本法是「一國兩制」方針
在法律上的具體體現，是香港憲制架構的一部分，也是中
央政府制訂對港政策和特區政府依法施政的重要依據。另
一方面，雖然基本法具有超前立法的特性和高瞻遠矚的思
路，但是回歸以來香港出現了一些新現象，其中有的問題
未必反映在基本法條文之中。時代在發展，社會在變化，
世界上也沒有一部法律是可以一成不變的。

此外，值得注意的是，十八大報告中首次提出，「防範
和遏制外部勢力干預港澳事務」。[22] 參看過去兩屆，十六大
並沒有提及「外部勢力」問題，十七大也只是說「堅決反

20　鄧小平：〈會見香港特別行政區基本法起草委員會委員時的講話〉，頁
　　215－222。

21　同上。

22　胡錦濤：《堅定不移沿着中國特色社會主義道路前進　為全面建成小康社會
　　而奮鬥——在中國共產黨第十八次全國代表大會上的報告》。

對外部勢力干預港澳事務」。[23] 此次則是由「反對」變成更加具體的「防範」與「遏制」，更顯積極主動。

同時整份報告有關香港內容中，另一個新的提法，無疑是「同全國各族人民一道共享做中國人的尊嚴與榮耀」。[24] 香港是中國不可分割的一部分，回歸十五年來充分享受國家的支持與切實的利益，但也有種種「不和諧」的聲音。在此情況下，一句「共享做中國人的尊嚴與榮耀」，既是對那些違反歷史潮流言行的有力駁斥，也從另一角度反映出中央政府對香港事務的憂慮。

23　胡錦濤：《高舉中國特色社會主義偉大旗幟 為奪取全面建設小康社會新勝利而奮鬥——在中國共產黨第十七次全國代表大會上的報告》。

24　胡錦濤：《堅定不移沿着中國特色社會主義道路前進 為全面建成小康社會而奮鬥——在中國共產黨第十八次全國代表大會上的報告》。

第二節 「不走樣，不變形」：2015 年習近平在 香港特區行政長官來京述職時的講話

（一）背景

隨着香港進入「五十年不變」的中期，在「一國兩制」、「港人治港」、高度自治取得舉世公認的成就的同時，一些長期積累形成的深層次問題和矛盾也日益顯露，並相互交織影響。處理以 2017 年行政長官普選辦法為主要內容的政改問題，由於涉及管治權之爭，本身又極具爭議性，成為引發和激化政治矛盾的導火索。

2014 年 6 月，針對香港社會在討論 2017 年行政長官普選辦法時出現的某些模糊觀點和錯誤言論，中央首次以《「一國兩制」在香港特別行政區的實踐》為題發表關於香港事務的白皮書，系統闡述了中央對香港的方針政策，突出強調中央對香港擁有全面管治權等重要觀點，從而起到了正本清源的作用。8 月 31 日，全國人大常委會通過關於香港特別行政區普選問題的決定，確定了香港特別行政區行政長官普選制度的核心要素和制度框架。9 月底，香港一部分人策劃已久的非法「佔領中環」事件爆發。

面對香港複雜嚴峻甚至一度風高浪急的局勢，以習近平同志為核心的中共中央高瞻遠矚，堅持「一國兩制」方針不動搖，堅守原則底線不退讓，以高超的政治智慧和非凡的膽略果斷作出有關重大決策，統籌協調有關各方，全力支持香港特別行政區政府依法推進政改，處置「佔領中

環」事件以及後來發生的「旺角暴亂」事件，把可能產生的負面影響降至最低，並着力發展經濟、改善民生，保持大局穩定。在處理香港政改問題過程中，中央嚴格按照基本法辦事，堅定支持香港特別行政區依照基本法規定循序漸進發展符合香港實際情況的民主政制，牢牢把握了主導權。

正是因為有以習近平同志為核心的中共中央掌舵引航，「一國兩制」實踐才如同在大海上遇到風浪的輪船一樣，劈波斬浪、化險為夷。僅僅就公開報道的不完全統計，2012 年至 2016 年間，以習近平為核心的黨中央逾三十次專門論述處理港澳事務、解決港澳問題的新理念、新思維、新見解、新論述。[25] 在中央關心支持和各方共同努力下，這一時期，港澳各項事業取得長足進步。香港繼續被眾多國際機構評選為全球最自由經濟體和最具競爭力的地區之一。2012 年至 2016 年，香港本地生產總值年均實際增長 2.6%，高於發達經濟體同期平均增速。香港國際金融、航運、貿易中心地位不斷鞏固，全球離岸人民幣業務樞紐地位和國際資產管理中心功能不斷強化。

（二）2012 年至 2015 年習近平在香港行政長官歷次述職時的談話內容

自 2012 年召開的中共十八大以來，習近平多次會見赴

25　齊鵬飛：〈中共十八大以來習近平「依法治港」的新理念、新論述初探〉。

京述職的行政長官，歷次談話內容也充分體現以習近平為核心的中央的對港政策和治國方略。其中，2015 年習近平會見赴京述職的行政長官的談話內容是本節重點。

2012 年 12 月 20 日，時任中共中央總書記、國家副主席、中央軍委主席的習近平會見來京述職的新任香港特區行政長官梁振英。習近平主席在會見中重申，中央貫徹落實「一國兩制」、嚴格按照基本法辦事的方針不會變；支持行政長官和特別行政區政府依法施政、履行職責的決心不會變；支持香港、澳門兩個特別行政區發展經濟、改善民生、推進民主、促進和諧的政策也不會變。中共十八大提出的關於港澳工作的大政方針，同中央長期以來對港澳工作的方針政策是一脈相承的。關鍵是要全面準確理解和貫徹「一國兩制」方針，切實尊重和維護基本法權威。[26]

2013 年 12 月 18 日，中共中央總書記、國家主席、中央軍委主席習近平在會見香港特區行政長官時，充分肯定他和特區政府認真貫徹穩中求變、民生為先的施政方針，表示全面深化改革將擴大對港澳台的開放合作，幫助香港贏得更多發展機遇和更大發展空間；他特別指出，中央政府在 2017 年香港特別行政區行政長官普選問題上的立場是一貫的、明確的；希望香港社會各界人士按照基本法規定和全國人大常委會決定務實討論，凝聚共識，為順利實現行政長官普選打下基礎。[27]

26　〈習近平會見梁振英〉，《人民日報》，2012 年 12 月 21 日。

27　〈習近平會見梁振英崔世安〉，《人民日報》，2013 年 12 月 19 日。

　　2014 年 12 月 26 日，在為期兩個月有餘的非法「佔領中環」事件結束十一日後，習近平主席又一次會見述職的香港特區行政長官。他代表中央充分肯定梁振英行政長官帶領特別行政區政府勤勉工作，依法有序推進政改，努力發展經濟、改善民生、維護法治，保持了香港大局穩定。他強調，香港政制發展應該從本地實際出發，依法有序進行；應該有利於居民安居樂業，有利於社會繁榮穩定，有利於維護國家主權、安全、發展利益。希望香港各界從國家根本利益和香港整體利益出發，廣泛凝聚共識，維護社會安定，推動經濟發展，珍視法治環境，確保香港在「一國兩制」方針和基本法規定的軌道上穩步前進。[28]

　　到 2015 年 12 月 23 日會見述職的行政長官時，習近平主席指，香港「一國兩制」實踐出現「新情況」，香港及國際社會都有議論，他強調，中央對貫徹「一國兩制」的方針堅持兩點，一是「堅定不移」，「不會變」、「不動搖」，二是全面準確，確保「一國兩制」「不走樣，不變形，始終沿着正確方向前進」。習近平說，當前謀發展、保穩定、促和諧是香港廣大市民的共識，亦是特區政府主要任務，希望政府團結社會各界，抓住國家進入「十三五」時期的機遇，積極謀劃長遠發展，為香港繁榮穩定打下基礎。[29]

　　以習近平為核心的黨中央根據「一國兩制」在香港的具體實踐情況，逐漸轉變對港政策思路，不斷提出與時俱

28　〈習近平會見梁振英〉，《人民日報》，2014 年 12 月 27 日。

29　〈習近平會見梁振英崔世安〉，《人民日報》，2015 年 12 月 24 日。

進的指導方針。對比歷次講話可以發現，習近平主席講話內容是根據香港政局變化不斷發展的，涉及層次也是不斷遞進的，從 2012 年第一次聽取匯報時較為傳統的議題和論述，到 2013 年第二次聽取匯報時直接表明中央在普選問題上的立場，再到 2014 年第三次聽取匯報時特別強調香港政制發展應該從本地實際出發、依法有序進行，同時有利於居民安居樂業，有利於社會繁榮穩定，有利於維護國家主權、安全、發展利益。2015 年習近平主席第四次聽取匯報時，普選方案已在香港立法會被反對陣營否決，「一國兩制」方針的實踐和香港政治制度的發展都受到一定程度上的影響。因此，習近平不再直接表明中央在香港政改問題上的立場，而是強調，面對「一國兩制」在香港的實踐出現的新情況，中央在政治態度上依然會「不會變」、「不動搖」，在貫徹落實中可能採取行動確保「一國兩制」「不走樣」、「不變形」且「始終沿着正確方向前進」。他也在此前的發展、和諧之外，提出了「保穩定」是特區政府主要任務，充分體現了中央因應香港政局變化的轉向。

值得注意的是，2015 年習近平會見來京述職的港澳兩地行政長官時，座位安排有別於以往並排而坐，而是由習近平坐在長桌主席位，行政長官在側。在此次行程中，國務院總理與行政長官的會面安排也與此保持了一致。國務院港澳辦有關負責人於 2015 年 12 月 23 日在接受媒體採訪時表示，今次調整，是為「更好地體現了憲法和基本法關於中央和特別行政區關係的有關規定，以及行政長官作為特別行政區首長和特區政府首長向中央負責的要求、更

| 2021 年 12 月 22 日，國家主席習近平在中南海會見來京述職的香港特別行政區行政長官林鄭月娥。（新華社記者 李學仁 攝）

加規範、更加莊重」。[30] 調整之後的座次安排，也一直沿用至今。

―――――――

30 〈港澳特首述職 不再平起平坐 港澳辦指體現「三更」〉，中國新聞社，2015 年 12 月 23 日。

第三節　表達祝福、體現支持、謀劃未來：
###　　　　　　習近平視察香港

　　從 1980 年代到 2007 年，習近平主席在福建、浙江、上海等省市工作二十多年。自 1990 年代起，習近平曾多次以不同身份率團訪港，招商引資，洽談合作。2007 年中共十七大上，習近平進入中央領導層，擔任中共中央政治局常委、國家副主席等要職，並兼任中央港澳工作協調小組組長。2008 年，習近平來到香港，實地了解 2008 年奧運及殘奧馬術比賽的籌備情況和視察香港的近況。習近平主席深情地說：「香港發展一直牽動着我的心。」[31]

　　本節所說的習近平視察香港，主要討論 2017 年習近平主席視察香港的相關活動和講話。2017 年 6 月 29 日至 7 月 1 日，中共中央總書記、國家主席、中央軍委主席習近平率領中央代表團視察香港，在 49 個小時裏出席了 20 場活動，行程密集，內容豐富。習近平主席剛抵埠時指出，此次香港之行的三個目的是表達祝福、體現支持、謀劃未來。[32]

（一）背景

　　二十世紀八十年代初，鄧小平同志以偉大政治家的智

31　〈習近平主席抵達香港　表示此行有三個目的〉，新華社，2017 年 6 月 29日。

32　同上。

慧和膽略，提出了「一個國家，兩種制度」的偉大構想，通過外交談判和平解決香港問題，促成香港於 1997 年回歸祖國懷抱。2017 年正是香港回歸二十周年。《人民日報》社論指出，「回歸二十年，是『一國兩制』從創造性構想變成生動現實的二十年，是香港保持繁榮穩定的二十年，是香港順利納入國家治理體系的二十年，是『一國兩制』取得舉世公認成功的二十年。」[33]

　　《人民日報》社論總結，「回歸二十年，香港在變與不變中穩步前行。中央政府貫徹『一國兩制』的初心不變，嚴格依照國家憲法和香港基本法辦事，認真履行憲制責任，堅定支持香港特別行政區行政長官和政府依法施政；香港特別行政區依法實行高度自治，享有行政管理權、立法權、獨立的司法權和終審權，繼續保持原有的資本主義制度和生活方式不變，法律基本不變；香港經濟穩定增長，始終保持國際金融、貿易、航運中心地位，連續多年被評為全球最自由經濟體和最具競爭力地區之一。香港教育、醫療衛生、文化、體育、社會保障等社會事業不斷邁上新台階；民主政制依法穩步推進，港人享有前所未有的民主權利和更加廣泛的自由；香港與內地的聯繫更加緊密，從國家發展中獲得更強勁的動力；香港對外交往不斷擴大，國際影響進一步提升。事實雄辯地證明，『一國兩制』是歷史遺留的香港問題的最佳解決方案，也是香港回歸後保持

33　〈社論：沿着「一國兩制」正確方向前進〉，《人民日報》，2017 年 7 月 1 日。

長期繁榮穩定的最佳制度安排，是中國對人類政治文明的獨特貢獻。」[34]

《人民日報》社論強調，「二十年實踐，二十年探索。『一國兩制』事業前無古人，需要在實踐中不斷探索完善。二十年來，在不斷應對和處理各種新情況新問題的過程中，中央政府和香港特別行政區深刻地認識到：繼續推進『一國兩制』事業，必須全面準確理解和貫徹『一國兩制』方針，牢牢把握『一國兩制』的根本宗旨，共同維護國家主權、安全、發展利益，保持香港長期繁榮穩定；必須把堅持『一國』原則和尊重『兩制』差異、維護中央權力和保障特別行政區高度自治權、發揮祖國內地堅強後盾作用和提高香港自身競爭力有機結合起來，任何時候都不能偏廢。只有這樣，才能確保『一國兩制』的實踐不走樣不變形，始終沿着正確方向行穩致遠。」[35]

《人民日報》社論進一步表示，「俯仰百年，香港的命運同祖國的命運始終緊密相聯。二十年來，作為祖國大家庭的一員，香港同胞與內地民眾共享偉大祖國的尊嚴與榮耀，共擔中華民族偉大復興的責任和使命。當前，我們的祖國比歷史上任何時期都更接近中華民族偉大復興的目標，比歷史上任何時期都更有信心、有能力實現這個目標。國家的發展為香港提供了前所未有的機遇，香港只要堅持『一國』之本、善用『兩制』之利，發揮自身所長，

34　同上。
35　同上。

服務國家所需，就一定能在參與、融入國家進步和民族復興的偉大進程中再創更大的輝煌。」[36]

（二）會見中央駐港機構、主要中資機構負責人和香港社會各界代表人士

6 月 30 日下午，習近平主席分別親切會見了中央駐港機構、主要中資機構負責人和香港社會各界代表人士並發表重要講話。

在會見中央駐港機構、主要中資機構負責人時，習近平主席強調，「一國兩制」在香港的實踐正在向縱深推進，要增強對「一國兩制」的制度自信和實踐自覺。他向大家提出四點希望：要勇於擔當、不辱使命；要迎難而上、開拓創新；要狠抓落實、久久為功；要嚴守紀律、風清氣正。換言之，隨着「一國兩制」在港實踐的不斷深化，中央與香港的關係愈來愈緊密，中央駐港機構和主要中資機構負責人也需要擔負起更多的責任和使命。[37]

在會見香港社會各界代表人士時，習近平主席指出，推動香港在新的歷史條件下實現繁榮發展，保持和諧穩定，需要我們攜手並進。他希望，香港社會各界代表人士在四個方面做好表率。一是帶頭支持林鄭月娥行政長官和

36　同上。

37　〈習近平會見中央駐港機構和主要中資機構負責人〉，新華社，2017 年 6 月 30 日。

新一屆特別行政區政府依法施政，當好民眾和政府之間的橋樑和紐帶，促進政策落實，推動經濟發展和民生改善。二是帶頭搞好團結，維護社會和諧穩定，消解戾氣、增進和氣、弘揚正氣，匯聚愛國愛港強大正能量。三是帶頭關心青年，幫助他們解決實際問題，為他們成長成才創造良好條件，使愛國愛港光榮傳統薪火相傳，使「一國兩制」事業後繼有人。四是帶頭推動香港同內地交流合作，發揮各自專長，為促進兩地共同發展多獻策、多出力、多擔當。[38]

（三）在特區政府歡迎晚宴上的講話

6 月 30 日晚上，習近平主席出席香港特區政府歡迎晚宴並發表重要講話。在講話中，習近平向港人寄語「三個自信」。

第一是相信自己。習近平主席表示，香港同胞一直積極參與國家改革開放和現代化建設，作出了重大貢獻，不僅完全有能力、有智慧把香港管理好、建設好、發展好，而且能夠繼續在國家發展乃至世界舞台上大顯身手。

第二是相信香港。習近平主席指出，香港發展具有很多有利條件和獨特優勢，特別是「一國兩制」的制度優勢；香港只要鞏固和提升這些優勢，就一定能夠留住並吸引各

---

38 〈習近平會見香港社會各界代表人士〉，新華社，2017 年 6 月 30 日。

方投資和人才，在經濟全球化和區域合作中把握機遇，促進本地創新創業，開發新的增長點，續寫獅子山下發展新故事、繁榮新傳奇。

第三是相信國家。習近平主席強調，不論是過去、現在還是將來，祖國始終是香港的堅強後盾；國家好，香港會更好。

習主席的講話，既看到了港人自身的能力、智慧和主觀能動性，也突出了「一國兩制」下香港的制度優勢和祖國的政策支持，很好地體現了「一國兩制」、「港人治港」、高度自治的思想內核。[39]

（四）在慶祝香港回歸祖國二十周年大會暨香港特別行政區第五屆政府就職典禮上的講話

7月1日，習近平主席出席慶祝香港回歸祖國二十周年大會暨香港特別行政區第五屆政府就職典禮並發表重要講話。會場內氣氛隆重熱烈，高懸的中華人民共和國國旗和香港特別行政區區旗格外醒目。當習近平主席和夫人彭麗媛步入會場時，全場起立，熱烈鼓掌。在習近平主席的監誓下，新任香港特別行政區行政長官林鄭月娥和香港特別行政區第五屆政府主要官員宣誓就職。

在熱烈的掌聲中，習近平主席發表了重要講話。習近

---

39 習近平：〈在香港特別行政區政府歡迎晚宴上的致辭〉（2017年6月30日），新華社，2017年7月1日。

平主席指出，香港的命運從來同祖國緊密相連。香港回到
祖國的懷抱，洗刷了民族百年恥辱，完成了實現祖國完全
統一的重要一步。習近平主席指出，二十年來，「一國兩
制」在香港的實踐取得了舉世公認的成功，回到祖國懷抱
的香港已經融入中華民族偉大復興的壯闊征程，繼續保持
繁榮穩定。習近平主席對今後更好在香港落實「一國兩制」
提出四點重要意見：

第一，始終準確把握「一國」和「兩制」的關係。習
近平主席指出，必須牢固樹立「一國」意識，堅守「一
國」原則，正確處理特別行政區和中央的關係；任何危害
國家主權安全、挑戰中央權力和香港特別行政區基本法權
威、利用香港對內地進行滲透破壞的活動，都是對底線的
觸碰，都是絕不能允許的。習近平主席表示，要把堅持「一
國」原則和尊重「兩制」差異、維護中央權力和保障香港
特別行政區高度自治權、發揮祖國內地堅強後盾作用和提
高香港自身競爭力有機結合起來，任何時候都不能偏廢。

第二，始終依照憲法和基本法辦事。習近平主席指
出，回歸完成了香港憲制秩序的巨大轉變，中華人民共和
國憲法和香港特別行政區基本法共同構成香港特別行政區
的憲制基礎。習近平主席提出，在落實憲法和基本法確定
的憲制秩序時，要把中央依法行使權力和特別行政區履行
主體責任有機結合起來；要完善與基本法實施相關的制度
和機制；要加強香港社會特別是公職人員和青少年的憲法
和基本法宣傳教育。習近平主席強調，這些都是「一國兩
制」實踐的必然要求，也是全面推進依法治國和維護香港

法治的應有之義。

　　第三，始終聚焦發展這個第一要務。習近平主席指出，發展是永恆的主題，是香港的立身之本，也是解決香港各種問題的金鑰匙。「一國兩制」構想提出的目的，一方面是以和平的方式對香港恢復行使主權，另一方面就是為了促進香港發展，保持香港國際金融、航運、貿易中心地位。習近平主席指出，香港背靠祖國、面向世界，有着許多有利發展條件和獨特競爭優勢。香港俗話講，「蘇州過後無艇搭。」他要求，一定要珍惜機遇、抓住機遇，把主要精力集中到搞建設、謀發展上來。

　　第四，始終維護和諧穩定的社會環境。習近平主席提出，「一國兩制」包含了中華文化中的和合理念，體現的一個重要精神就是求大同、存大異。香港是一個多元社會，對一些具體問題存在不同意見甚至重大分歧並不奇怪，但如果陷入「泛政治化」的漩渦，人為製造對立、對抗，那就不僅於事無補，而且會嚴重阻礙經濟社會發展。習近平主席指出，只有凡事都着眼大局，理性溝通，凝聚共識，才能逐步解決問題。習近平主席也表示，從中央來說，只要愛國愛港，誠心誠意擁護「一國兩制」方針和香港特別行政區基本法，不論持什麼政見或主張，中央都願意與之溝通。[40]

　　習近平主席還對新一屆特區政府提出四點要求：要與

40　習近平：〈在慶祝香港回歸祖國 20 周年大會暨香港特別行政區第五屆政府就職典禮上的講話〉。

時俱進、積極作為，不斷提高政府管治水平；要凝神聚力、發揮所長，開闢香港經濟發展新天地；要以人為本、紓困解難，着力解決市民關注的經濟民生方面的突出問題，切實提高民眾獲得感和幸福感；要注重教育、加強引導，着力加強對青少年的愛國主義教育，關心、支持、幫助青少年健康成長。[41]

在新任香港特別行政區行政長官林鄭月娥和香港特別行政區第五屆政府就職之後，習近平主席會見林鄭月娥和新任行政、立法、司法機構負責人。

習近平主席指出，林鄭月娥和各個負責人都是貫徹落實「一國兩制」方針和香港特別行政區基本法、管治香港的核心力量，屬於關鍵少數，要有強烈的歷史使命感和時代責任感，嚴格依法履行職責，提高工作水平，盡心盡力服務市民大眾，交出一份無愧於國家、無愧於香港、無愧於自己的亮麗成績單。[42]

習近平主席表示，作為香港特別行政區政權機構的主要成員，不論是行政機構主要官員，還是立法、司法機構負責人，都要有國家觀念，在開展政務活動和處理有關問題的過程中，要善於站在國家的高度來觀察和思考問題，自覺維護國家主權、安全、發展利益，履行自己對國家的

41　同上。

42　〈習近平會見林鄭月娥和香港特別行政區新任行政、立法、司法機構負責人〉，新華社，2017 年 7 月 1 日。

責任。[43]

習近平主席強調，「一國兩制」是前無古人的創舉，無論是全面準確貫徹落實「一國兩制」方針，還是務實解決經濟民生方面長期積累的矛盾和困難，無論是加強對青少年國家歷史文化教育，還是依法打擊和遏制「港獨」活動、維護香港社會大局穩定，都需要大家迎難而上，積極作為。[44]

習近平主席又寄語行政長官和新任行政、立法、司法機構負責人三句話：

一是「一寸丹心為報國」。習主席強調，香港特別行政區是中華人民共和國的一個地方行政區，大家是香港特區政權機構的主要成員，無論是行政機構主要官員，還是立法、司法機構負責人，都要有國家觀念，在開展政務活動和處理有關問題的過程中，要善於站在國家的高度來觀察和思考問題，自覺維護國家主權、安全、發展利益，履行自己對國家的責任。

二是「為官避事平生恥」。習主席指出，「一國兩制」是前無古人的創舉，香港社會政治環境十分複雜，這就決定了在香港當官不是一件輕鬆舒適的事情。習主席指出，無論是全面貫徹準確落實「一國兩制」方針，還是務實解決經濟民生方面長期積累的矛盾和困難，無論是加強對青少年國家歷史文化教育，還是依法打擊和遏制「港獨」活

43　同上。
44　同上。

動，維護香港社會大局穩定，都需要大家迎難而上積極作為，有的時候還要頂住壓力，保持定力。

三是「上下同欲者勝」。習主席提出，幹事創業，團隊精神必不可少，特別是特區政府管治團隊是一個整體，一榮俱榮，一損俱損，關鍵是要全面落實和完善以行政長官為核心的行政主導體制，處理好行政立法關係，真正做到議而有決，決而有行，確保政府依法施政的順暢、高效，要自覺維護管治團隊團結，堅決維護行政長官權威，在工作上相互支持、相互配合、相互補台，共同維護政府整體威信和聲譽，只有這樣才能保證政府施政堅強有力，才能提高施政效率。[45]

值得注意的是，上述內容和習近平 2008 年視察香港時的講話一脈相承。當時，他說，「我們這個團隊，要精誠合作，行政、立法和司法三個機構互相理解，互相支持」。[46]

（五）習近平視察香港系列講話的重要意義

此外，習近平主席還有其他行程，包括出席《深化粵港澳合作推進大灣區建設框架協議》簽署儀式，考察港珠澳大橋香港段、香港國際機場第三跑道等重要基礎設施建設項目，見證西九文化區管理局和故宮博物院簽署《興建

45　〈習近平會見港府新班子〉，大公網 7 月 2 日，http://news.takungpao.com/hkol/topnews/2017-07/3469070.html。

46　習近平：〈在香港特別行政區政府歡迎晚宴上的致辭〉（2008 年 7 月 7 日），《人民日報》，2008 年 7 月 8 日。

香港故宮文化博物館合作協議》，檢閱中國人民解放軍駐港部隊，出席慶祝回歸二十周年文藝晚會，考察香港少年警訊永久活動中心暨青少年綜合訓練營等等。

在這一系列重要講話中，習近平深刻闡釋「一國」和「兩制」的關係，進一步明確「一國兩制」在香港特別行政區實踐的憲制基礎和法律保障，進一步深化對「一國兩制」實踐的規律性認識，科學回答了事關香港特別行政區發展的方向性和根本性問題，具有重大現實意義和深遠歷史意義。

同時，習近平強調要「始終依照憲法和基本法辦事」，具有重大的現實意義。長期以來，香港社會有部分人士對於依照憲法和基本法辦事的認識不夠全面，對基本法的憲制地位有一定誤解，甚至更有意歪曲基本法，將憲法和基本法割裂開來。這些都影響了「一國兩制」在香港的全面貫徹落實，損害了香港法治的根基。習近平主席在有關講話中，深刻地闡明了憲法和基本法之間的關係，強調憲法和基本法是共同構成香港法律的憲制基礎，這是從根本上維護和保障香港法治。

在如何具體落實這個憲制秩序方面，習近平主席提出了三點要求：要把中央依法行使權力和特別行政區履行主體責任有機結合起來，要完善與基本法實施相關的制度和機制，要加強香港社會特別是公職人員和青少年的憲法和基本法宣傳教育。習近平主席提出的上述三點要求，針對性強，具體而明確，體現中央對香港社會的希冀與期待，也是香港特區政府依法施政的行動指南。

　　此外，習近平主席的話語中也包含對中央駐港機構和特區管治架構的期待，習主席希望他們能夠勇於擔當、迎難而上，為「一國兩制」保駕護航、深化實踐。可見習近平主席不止着眼於落實憲制秩序，更高瞻遠矚地要求發展「一國兩制」事業、完善與基本法相關的政治制度。

第四節　中共十九大報告關於港澳問題的論述

中國共產黨第十九次全國代表大會（以下簡稱中共十九大或黨的十九大）於 2017 年 10 月 18 日至 24 日在北京召開。出席大會的代表 2,280 名（由全國 40 個選舉單位選舉產生），特邀代表 74 名，代表當時全國 8,900 萬黨員。

中共中央邀請黨內有關負責同志和部分黨外人士列席大會。列席大會的有：不是十九大代表的十八屆中央委員會委員、候補委員和中央紀律檢查委員會委員，不是十九大代表、特邀代表的原中央顧問委員會委員，以及其他有關同志，共 405 人。作為來賓列席大會開幕會和閉幕會的有：現任和曾任全國人大常委會副委員長、全國政協副主席的黨外人士，在京各民主黨派中央、全國工商聯副主席，無黨派代表人士，宗教界代表人士，在京全國人大、全國政協常委中的民主黨派、無黨派和民族宗教界人士，共 149 人。

2017 年 10 月 17 日下午，中國共產黨第十九次全國代表大會在人民大會堂舉行預備會議，會議通過了十九大的議程。大會的議程為：聽取和審查十八屆中央委員會的報告；審查十八屆中央紀律檢查委員會的工作報告；審議通過《中國共產黨章程（修正案）》；選舉十九屆中央委員會；選舉十九屆中央紀律檢查委員會。

2017 年 10 月 24 日大會閉幕當日，大會選舉產生了第十九屆中央委員會和第十九屆中央紀律檢查委員會，並將習近平新時代中國特色社會主義思想寫入黨章。中國共產

黨第十九屆中央委員會第一次全體會議於 2017 年 10 月 25
日上午在北京召開，會議選舉產生中央委員會總書記、中
央政治局、中央政治局常務委員會、中央書記處、中央軍
事委員會等權力核心機構，其中習近平繼續擔任中共中央
總書記、中央軍委主席。

　　中共十九大的主題是「不忘初心，牢記使命，高舉中
國特色社會主義偉大旗幟，決勝全面建成小康社會，奪取
新時代中國特色社會主義偉大勝利，為實現中華民族偉大
復興的中國夢不懈奮鬥」。中共中央總書記習近平代表第
十八屆中央委員會向大會作了題為《決勝全面建成小康社
會　奪取新時代中國特色社會主義偉大勝利》的報告（以
下簡稱中共十九大報告）。其中，中共十九大報告也對港澳
問題進行了與時俱進的政治論述。

（一）背景

　　中共十八大到中共十九大的五年間，以習近平為核心
的中共中央團結帶領全黨全軍全國各族人民，高舉中國特
色社會主義偉大旗幟，統籌推進「五位一體」總體佈局、
協調推進「四個全面」戰略佈局，推出一系列重大戰略舉
措，出台一系列重大方針政策，推進一系列重大工作，解
決了許多長期想解決而沒有解決的難題，辦成了許多過
去想辦而沒有辦成的大事，黨和國家事業發生了歷史性變

革，中國特色社會主義進入了新的發展階段。[47] 這些成就和變化，都是有利於港澳保持繁榮穩定的重大利好。

中共中央總書記、國家主席、中央軍委主席習近平指出，中共十九大，是在全面建成小康社會決勝階段、中國特色社會主義發展關鍵時期召開的一次十分重要的大會，承擔着謀劃決勝全面建成小康社會、深入推進社會主義現代化建設的重大任務，事關黨和國家事業繼往開來，事關中國特色社會主義前途命運，事關最廣大人民根本利益。[48]

中共十九大報告，宣告中國特色社會主義進入新時代，並為這個新時代描繪藍圖、制定方略、作出全面部署，還系統闡述了習近平新時代中國特色社會主義思想和基本方略，作出「中國社會主要矛盾已經轉化成人民日益增長的美好生活需要和不平衡不充分的發展之間的矛盾」等重大政治判斷，規劃了分「兩步走」建設社會主義現代化強國的戰略目標，對黨和國家各領域的重大工作作出全面部署。[49] 這一切將決定着二十一世紀中國發展的方向和進程，並將影響到世界格局的變化，當然也會關係到香港、澳門未來的繁榮穩定和發展。下文將詳細評述報告涉港澳內容。

47　中共中央黨史研究室：《黨的十八大以來大事記》，新華社，2017 年 10 月 15 日。

48　〈習近平在省部級主要領導幹部「學習習近平總書記重要講話精神，迎接黨的十九大」專題研討班開班式上發表重要講話〉，新華社 2017 年 7 月 27 日。

49　習近平：《決勝全面建成小康社會，奪取新時代中國特色社會主義偉大勝利——在中國共產黨第十九次全國代表大會上的報告》（2017 年 10 月 18 日），新華社，2017 年 10 月 27 日。

（二）涉港澳內容

　　根據統計，中共十九大報告中涉港澳內容共有三部分，分別為「回顧過去五年」（68 字）、「勾劃未來基本方針」（135 字）、「展望未來具體政策」（462 字），突破十八大報告只有「回顧」及「展望」兩部分的規格，是歷次黨代會報告中着墨最多、份量最重的。

　　十九大報告第一部分《過去五年的工作和歷史性變革》指出，

　　　港澳台工作取得新進展。全面準確貫徹「一國兩制」方針，牢牢掌握憲法和基本法賦予的中央對香港、澳門全面管治權，深化內地和港澳地區交流合作，保持香港、澳門繁榮穩定。[50]

　　十九大報告的第三部分《新時代中國特色社會主義思想和基本方略》提出，

　　　堅持「一國兩制」和推進祖國統一。保持香港、澳門長期繁榮穩定，實現祖國完全統一，是實現中華民族偉大復興的必然要求。必須把維護中央對香港、澳門特別行政區全面管治權和保障特別行政區高度自治權有機結合起

來，確保「一國兩制」方針不會變、不動搖，確保「一國兩制」實踐不變形、不走樣。[51]

這也是首次把堅持「一國兩制」和推進祖國統一列為新時代中國特色社會主義的十四條基本方略之一。由此可見，十九大報告提高了「一國兩制」方針的政治定位，更加明確了「一國兩制」是港澳回歸、長期治理的最佳方案，也顯示了港澳治理對台的示範意義仍然存在。

十九大報告的第十一部分《堅持「一國兩制」，推進祖國統一》指出：

香港、澳門回歸祖國以來，「一國兩制」實踐取得舉世公認的成功。事實證明，「一國兩制」是解決歷史遺留的香港、澳門問題的最佳方案，也是香港、澳門回歸後保持長期繁榮穩定的最佳制度。

保持香港、澳門長期繁榮穩定，必須全面準確貫徹「一國兩制」、「港人治港」、「澳人治澳」、高度自治的方針，嚴格依照憲法和基本法辦事，完善與基本法實施相關的制度和機制。要支持特別行政區政府和行政長官依法施政、積極作為，團結帶領香港、澳門各界人士齊心協力謀發展、促和諧，保障和改善民生，有序推進民主，維護社會穩定，履行維護國家主權、安全、發展利益的憲制責任。

51　同上。

香港、澳門發展與內地發展緊密相連。要支持香港、澳門融入國家發展大局，以粵港澳大灣區建設、粵港澳合作、泛珠三角區域合作等為重點，全面推進內地同香港、澳門互利合作，制定完善便利香港、澳門居民在內地發展的政策措施。

我們堅持愛國者為主體的「港人治港」、「澳人治澳」，發展壯大愛國愛港愛澳力量，增強香港、澳門同胞的國家意識和愛國精神，讓香港、澳門同胞同祖國人民共擔民族復興的歷史責任、共用祖國繁榮富強的偉大榮光。[52]

關於香港發展的段落，體現了中央通過發展解決問題，推動港澳經濟轉型升級的理念，其目的是要促進港澳與內地更好地共同發展，也顯示中央把全面準確落實「一國兩制」和保持港澳長期繁榮穩定視為實現中華民族偉大復興的必然要求；而港澳也應融入國家發展大局，共擔民族復興的歷史責任，共享祖國繁榮富強的偉大榮光。

同時，該部分把香港特區維護國家主權、安全、發展利益提高到了憲制責任的高度，並表示要堅持以愛國者為主題的「港人治港」。這也為中共十九大以後香港政治、法律制度的一系列變化指明了方向。

52　同上。

第五節　中共十九屆四中全會關於港澳問題的論述

中國共產黨第十九屆中央委員會第四次全體會議，簡稱中共十九屆四中全會，於 2019 年 10 月 28 日至 31 日在北京舉行，中國共產黨中央政治局主持會議。中共十九屆四中全會聽取和討論中共中央總書記習近平代表中共中央政治局向十九屆中央委員會作的工作報告和習近平就《中共中央關於堅持和完善中國特色社會主義制度、推進國家治理體系和治理能力現代化若干重大問題的決定》（討論稿）的說明，審議通過《中共中央關於堅持和完善中國特色社會主義制度、推進國家治理體系和治理能力現代化若干重大問題的決定》。

中共十九屆四中全會公報發佈後，《人民日報》社論指出，《中共中央關於堅持和完善中國特色社會主義制度、推進國家治理體系和治理能力現代化若干重大問題的決定》是完善和發展中國國家制度和治理體系的綱領性文件，準確把握中國國家制度和國家治理體系的演進方向和規律，突出堅持和完善黨的領導制度，抓住了國家治理的關鍵和根本，為堅持和完善中國特色社會主義制度、推進國家治理體系和治理能力現代化指明了努力方向，為推動各方面制度更加成熟更加定型明確了時間表、路線圖。[53]

新華社評論充分肯定了中國共產黨治理國家取得的歷

53　〈人民日報社論：為實現中華民族偉大復興提供有力保證〉，《人民日報》，
　　2019 年 11 月 1 日第 2 版。

史性成就，全面總結中國國家制度和國家治理體系的顯著優勢，明確了加強和完善國家治理必須堅持的基本原則以及總體目標、工作要求。[54]

（一）背景

中共十八大以來，以習近平同志為核心的中共中央站在戰略和全局的高度，謀劃和推進治港治澳的制度建設，形成了許多新的制度成果。

2014 年 6 月，《「一國兩制」在香港特別行政區的實踐》白皮書發表，詳細闡述了中央的全面管治權與特別行政區的高度自治權之間的關係。

2016 年 11 月 7 日，針對香港特別行政區立法會部分議員違規宣誓的行為，全國人大常委會主動對香港基本法第一百零四條有關規定作出解釋，明確了香港特別行政區公職人員宣誓的有關制度。

2018 年 2 月 26 日，中央人民政府就禁止「港獨」組織「香港民族黨」運作向香港特別行政區行政長官發出公函，表明了中央的有關立場和意見，進一步確立了中央就涉及中央與特別行政區關係的重大事項發出指令的制度和機制。

此外，澳門特別行政區也完成了國歌法本地立法，設立了維護國家安全委員會，正在開展配套立法工作，在制

54　新華社評論員：〈築牢實現偉大復興的制度保障 —— 一論學習貫徹黨的十九屆四中全會精神〉，新華社 2019 年 10 月 31 日。

度建設上取得重大進展。

但是，2019 年 2 月，香港特別行政區政府為了將一名涉嫌在台灣謀殺的香港男青年移交台灣受審，並填補香港與內地、台灣、澳門之間不能相互移交逃犯的法律漏洞，啟動對兩個相關條例的修訂工作，由此引起香港社會疑慮和強烈反彈。在反對派的蠱惑煽動和外部勢力的插手干預下，香港出現曠日持久的社會政治動盪和街頭暴力活動，「一國兩制」在香港的實踐遭遇前所未有的嚴峻挑戰。

「修例風波」充分暴露出香港政治、經濟、社會等方面存在的一些深層次矛盾和問題，也進一步凸顯了完善香港治理制度的必要性和緊迫性。

習近平主席 2017 年 7 月 1 日在慶祝香港回歸祖國二十周年大會暨香港特別行政區第五屆政府就職典禮上曾經明確宣示：「任何危害國家主權安全、挑戰中央權力和香港特別行政區基本法權威、利用香港對內地進行滲透破壞的活動，都是對底線的觸碰，都是絕不能允許的。」[55]

因此，全面準確貫徹「一國兩制」方針，在實踐中不斷完善治港治澳制度體系，不僅符合政治制度發展的一般規律，而且必將有助於「一國兩制」航船行穩致遠。全面準確貫徹「一國兩制」方針，必須從有利於港澳長治久安的戰略和全局高度進一步加強頂層設計，健全中央依照憲法和基本法對特別行政區行使全面管治權的制度，完善「一

55　習近平：〈在慶祝香港回歸祖國 20 周年大會暨香港特別行政區第五屆政府就職典禮上的講話〉。

國兩制」制度體系。在「一國兩制」下，香港、澳門特別行政區居民應當尊重國家主體實行的中國特色社會主義制度，包括堅持中國共產黨領導這一核心內容在內的政治制度，內地人民也應該切實尊重香港、澳門實行的各具特色的資本主義制度，尊重港澳居民依法享有的各種權利和自由。

（二）涉港澳內容

2019 年 10 月中共十九屆四中全會審議通過的《中共中央關於堅持和完善中國特色社會主義制度、推進國家治理體系和治理能力現代化若干重大問題的決定》（以下簡稱《決定》），在深入總結「一國兩制」實踐經驗的基礎上，從制度層面、特別是中央對特別行政區實行管治的層面，對推進「一國兩制」實踐作了系統的制度設計和工作部署。同時，此次會議不僅是中共全會上罕有地提及「一國兩制」，也是中共十九大以來首次提出「黨領導一國兩制」，相關論述引來高度關注。

《決定》第一部分把「堅持『一國兩制』，保持香港、澳門長期繁榮穩定，促進祖國和平統一」作為中國國家制度和國家治理體系所具有的十三個顯著優勢之一，充分表明了「一國兩制」在中國國家制度和國家治理體系中的特

殊重要地位。[56]

　　《決定》第十二部分集中就「一國兩制」制度體系建設應該堅持什麼、完善什麼展開論述，這在中共歷史上也是前所未有的。具體論述如下：

　　「一國兩制」是黨領導人民實現祖國和平統一的一項重要制度，是中國特色社會主義的一個偉大創舉。必須堅持「一國」是實行「兩制」的前提和基礎，「兩制」從屬和派生於「一國」並統一於「一國」之內。嚴格依照憲法和基本法對香港特別行政區、澳門特別行政區實行管治，堅定維護國家主權、安全、發展利益，維護香港、澳門長期繁榮穩定，絕不容忍任何挑戰「一國兩制」底線的行為，絕不容忍任何分裂國家的行為。

　　（一）全面準確貫徹「一國兩制」、「港人治港」、「澳人治澳」、高度自治的方針。堅持依法治港治澳，維護憲法和基本法確定的憲制秩序，把堅持「一國」原則和尊重「兩制」差異、維護中央對特別行政區全面管治權和保障特別行政區高度自治權、發揮祖國內地堅強後盾作用和提高特別行政區自身競爭力結合起來。完善特別行政區同憲法和基本法實施相關的制度和機制，堅持以愛國者為主體的「港人治港」、「澳人治澳」，提高特別行政區依法治理能力和

56　《中共中央關於堅持和完善中國特色社會主義制度　推進國家治理體系和治理能力現代化若干重大問題的決定》（2019年10月31日），《人民日報》，2019年11月6日。

水平。

　　（二）健全中央依照憲法和基本法對特別行政區行使全面管治權的制度。完善中央對特別行政區行政長官和主要官員的任免制度和機制、全國人大常委會對基本法的解釋制度，依法行使憲法和基本法賦予中央的各項權力。建立健全特別行政區維護國家安全的法律制度和執法機制，支持特別行政區強化執法力量。健全特別行政區行政長官對中央政府負責的制度，支持行政長官和特別行政區政府依法施政。完善香港、澳門融入國家發展大局、同內地優勢互補、協同發展機制，推進粵港澳大灣區建設，支持香港、澳門發展經濟、改善民生，着力解決影響社會穩定和長遠發展的深層次矛盾和問題。加強對香港、澳門社會特別是公職人員和青少年的憲法和基本法教育、國情教育、中國歷史和中華文化教育，增強香港、澳門同胞國家意識和愛國精神。堅決防範和遏制外部勢力干預港澳事務和進行分裂、顛覆、滲透、破壞活動，確保香港、澳門長治久安。[57]

　　第一段中有「『一國兩制』是黨領導人民實現祖國和平統一的一項重要制度，是中國特色社會主義的一個偉大創舉」一句。此前，較為類似的提法為「『一國兩制』是中國共產黨人為解決歷史遺留的台灣、香港、澳門問題，實現

_____

57　同上。

祖國完全統一，把馬克思主義基本原理同中國具體實際相結合的偉大創舉」，但強調的是中共創造性地提出「一國兩制」方針的設置而非領導「一國兩制」制度的實踐。換言之，由中共「領導」「一國兩制」的論述當為首次提出，充分體現了中央對「一國兩制」方針和制度的新認識。

同時，《決定》在對「一國兩制」制度的原則性表述中對「一國」與「兩制」的關係進行了更加清晰的論述。其中，「『兩制』從屬和派生於『一國』並統一於『一國』之內」是全新的重要表述，這種表述對現有的實踐過程中所出現的偏差性錯誤進行了糾正，更加清晰地表明「一國」與「兩制」的關係。

《決定》強調指出，要「全面準確貫徹『一國兩制』、『港人治港』、『澳人治澳』、高度自治的方針」。具體而言，《決定》強調了以下三點：

1. 依法治港治澳，維護憲法和基本法確定的憲制秩序。從港澳來說，依法治理，首要的是要嚴格依照憲法和基本法辦事。因為憲法和基本法共同構成特別行政區的憲制基礎，是「一國兩制」方針法律化的集中體現，是特別行政區一切制度的最頂層設計，在特別行政區整個法律體系中居於最高地位，確立了特別行政區新的憲制秩序，也是特別行政區的一切行政、立法、司法機構及其行為的最高準則。這也是中央一直以來的要求。

2. 把堅持「一國」原則和尊重「兩制」差異、維護中央對特別行政區全面管治權和保障特別行政區高度自治權、發揮祖國內地堅強後盾作用和提高特別行政區自身競

爭力結合起來。這「三個結合」指出了治港治澳制度體系中需要把握好的三對關係，也是中共十八大以來、特別是 2014 年 6 月《「一國兩制」在香港特別行政區的實踐》白皮書發表以來中央常用的政治論述。

3. 完善特別行政區同憲法和基本法實施相關的制度和機制，堅持以愛國者為主體的「港人治港」、「澳人治澳」，提高特別行政區依法治理能力和水平。鄧小平曾經說過，「港人治港有個界線和標準，就是必須由以愛國者為主體的港人來治理香港」。[58] 可以說，「愛國者治港」是中央對香港特區一直以來的政治要求，也是依法治港治澳的制度要求和主體要求。以愛國者為主體實行「港人治港」、「澳人治澳」，是全面準確貫徹「一國兩制」方針的必然要求。必須確保行政長官由中央信任的愛國者擔任，特別行政區行政、立法、司法機關也必須以愛國者為主組成，因為這樣才能保證特別行政區處理好上文提到的三對關係，才能保證特區管治團隊維護憲法和基本法確定的憲制秩序。

《決定》強調指出，「健全中央依照憲法和基本法對特別行政區行使全面管治權的制度，不斷完善『一國兩制』制度體系」。[59] 其中可以具體分為以下六點：

1. 依法行使憲法和基本法賦予中央的各項權力。憲法和基本法明文規定屬於中央的權力主要包括：特區的創制

58　鄧小平：〈一個國家，兩種制度〉，頁 58－61。
59　《中共中央關於堅持和完善中國特色社會主義制度 推進國家治理體系和治理能力現代化若干重大問題的決定》。

權，特區官員的任免權，基本法的制定、修改、解釋權，對特首的指令權，外交事務權，防務權，決定在特別行政區實施全國性法律，宣佈特別行政區進入戰爭或緊急狀態等等。毋庸置疑，這些權力都是中央全面管治權的重要支撐，也涵蓋了特區政治、經濟、社會事務諸方面，為維護「一國兩制」在香港的實踐提供了重要保障。但是，面對不斷變化的實踐情況和社會背景，依法行使權力的手段和方式也需要更突破、更創新的思路。

2. 建立健全特別行政區維護國家安全的法律制度和執行機制。維護國家安全是全面準確貫徹「一國兩制」方針的核心要求，是特別行政區的憲制責任。但是，一直以來，香港都未完成基本法第二十三條立法，在香港國安法實施之前（詳見後文）也未設立相應執行機構，這也被中央認為是近幾年來「港獨」等本土激進分離勢力的活動不斷加劇的主要原因之一。在召開中共十九屆四中全會期間，「修例風波」仍在香港延燒，使得「一國兩制」在香港的實踐遭遇前所未有的嚴峻挑戰，也使得建立健全維護國家安全的法律制度和執行機制成為突出問題和緊迫任務。「止暴制亂」、恢復秩序是當時香港的當務之急，但只有建立及健全維護國家安全的法律機制及執行機制，才是長治久安之道。

3. 健全特別行政區行政長官對中央政府負責的制度。根據基本法的規定，行政長官既是特別行政區政府的首長，也是特別行政區的首長，既要對特別行政區負責，也要對中央負責。這種「雙首長」和「雙負責」的定位，決

定了行政長官在「一國兩制」下特別行政區的治理中承擔統領責任，一方面，要完善行政長官對中央負責的制度安排，另一方面，要在特別行政區落實以行政長官為核心的行政主導體制。

4. 完善香港、澳門融入國家發展大局、同內地優勢互補、協同發展機制。香港融入國家發展大局，是新時代國家改革開放的客觀需要，也是香港自身發展的必然選擇。香港的經濟社會發展已遇到一些困境，房屋土地供應短缺，貧富差距懸殊，社會階層流動性減弱，僅靠自身力量難以解決這些影響社會穩定和長遠發展的深層次矛盾和問題，但可以借助內地廣闊的市場、強勁的發展態勢，為自身發展拓展新空間，增添新動力，借力破解經濟民生難題。

5. 完善加強對香港、澳門社會憲法和基本法教育、國情教育、中國歷史和中華文化教育等相關制度和體制機制。香港、澳門回歸祖國是一個重大歷史轉變，從憲制秩序到政權機構，從輿論環境到社會主流價值觀，都應當順應這一歷史轉變，適應「一國兩制」實踐要求。但長期以來，香港在國民教育方面有所缺失。近年來「港獨」和激進本土勢力的產生，尤其是「修例風波」中普遍呈現的「反中」情緒和大量出現的英美國旗和「港獨」旗幟，都說明回歸後香港的教育出了問題，需要不斷增強全社會特別是公職人員和青少年的國家意識和民族認同，並從知識、認識、價值觀各個層面進行改革。

6. 完善堅決防範和遏制外部勢力干預港澳事務和進行分裂、顛覆、滲透、破壞活動的體制機制。香港回歸以

來，包括「修例風波」，一些國家通過國內法等方式，試圖
干預港澳事務，需要建立健全反干預協同機制。這點也是
與「建立健全特別行政區維護國家安全的法律制度和執行
機制」互為表裏，與中共十八大報告和中共十九大報告一
脈相承。

　　這些論述貫徹落實了習近平新時代中國特色社會主義
思想，充分體現了習近平總書記關於港澳工作重要論述的
精神，彰顯了中央堅持「一國兩制」方針不動搖的堅定決
心和戰略定力，也顯示了中央必定會把港澳兩個特別行政
區管治得更好的制度自信和能力自信，具有重要現實意義
和長遠指導意義。

第六節　　維護國家安全的法律制度和執行機制

　　香港回歸以來，「一國兩制」實踐在香港取得了舉世公認的成功，同時，在實踐過程中也遇到了新情況新問題。特別是 2019 年香港發生「修例風波」以來，反中亂港勢力公然極力鼓吹「港獨」「自決」「公投」等主張，從事破壞國家統一、分裂國家的活動；一些外國和境外勢力公然干預香港事務，為香港反中亂港勢力撐腰打氣、提供保護傘，利用香港從事危害國家安全的活動。在國家安全方面的長期「不設防」，使香港面臨回歸以來最嚴峻的局面；內外部反中亂港勢力的勾連合流，已經成為「一國兩制」行穩致遠的最大敵人。

　　《人民日報》評論員認為，「國家安全根基牢固，社會大局穩定，才能為解決經濟民生等深層次矛盾和問題創造良好環境、贏得更大空間。在香港維護國家安全面臨嚴峻形勢且無法自行完成有關立法的情況下，中央採取果斷措施，從國家層面建立健全香港維護國家安全的法律制度和執行機制，這既是有效防控國家安全風險的當務之急，也是確保香港長期繁榮穩定和長治久安的治本之策。可以說，補上香港維護國家安全的法律漏洞和制度短板，消除香港長期繁榮穩定的主要隱患，香港才能迎來變亂為治、重返正軌的轉機」。[60]

60　《人民日報》評論員：〈香港長期繁榮穩定的「防波堤」〉，《人民日報》，
　　2020 年 7 月 1 日。

（一）香港國安法立法背景

中共中央總書記、國家主席、中央軍委主席習近平曾經在多個場合引用過一句古語：[61]「法者，治之端也。」[62] 築牢織密香港維護國家安全防線，國家層面立法邁出了第一步也是關鍵一步。不過，根據香港基本法第 23 條規定，香港特別行政區仍然負有維護國家安全的憲制責任和立法義務，應當盡早完成維護國家安全的有關立法，補齊在機構設置、力量配備、執法權力等方面的短板。

但正如全國人大常委會副委員長王晨所總結的那樣，23 條立法在香港一直未能完成，而這個缺口也被人利用：

香港基本法第 23 條規定：「香港特別行政區應自行立法禁止任何叛國、分裂國家、煽動叛亂、顛覆中央人民政府及竊取國家機密的行為，禁止外國的政治性組織或團體在香港特別行政區進行政治活動，禁止香港特別行政區的政治性組織或團體與外國的政治性組織或團體建立聯繫。」[63] 這一規定就是通常所說的 23 條立法。它既體現了國家對香港特別行政區的信任，也明確了香港特別行政區負有維護國家安全的憲制責任和立法義務。然而，香港回

---

61 《習近平用典·第二輯》，北京：人民日報出版社，2018 年，頁 215－216。

62 《荀子·君道》。

63 《中華人民共和國香港特別行政區維護國家安全法》（2020 年 6 月 30 日）。

歸二十多年來，由於反中亂港勢力和外部敵對勢力的極力阻撓、干擾，23 條立法一直沒有完成。而且，自 2003 年 23 條立法受挫以來，這一立法在香港已被一些別有用心的人嚴重污名化、妖魔化，香港特別行政區完成 23 條立法實際上已經很困難。香港現行法律中一些源於回歸之前、本來可以用於維護國家安全的有關規定，長期處於「休眠」狀態。除了法律制度外，香港特別行政區在維護國家安全的機構設置、力量配備和執法權力等方面存在明顯缺失，有關執法工作需要加強；香港社會需要大力開展維護國家安全的教育，普遍增強維護國家安全的意識。總的看，香港基本法明確規定的 23 條立法有被長期「擱置」的風險，香港特別行政區現行法律的有關規定難以有效執行，維護國家安全的法律制度和執行機制都明顯存在不健全、不適應、不符合的「短板」問題，致使香港特別行政區危害國家安全的各種活動愈演愈烈，保持香港長期繁榮穩定、維護國家安全面臨着不容忽視的風險。[64]

「一國兩制」的提出首先是為了實現和維護國家統一，維護國家安全是「一國兩制」的核心要義。2019 年 10 月召開的中共十九屆四中全會明確提出：「建立健全特別行政區維護國家安全的法律制度和執行機制，支持特別行政區強

64　王晨：〈關於《全國人民代表大會關於建立健全香港特別行政區維護國家安全的法律制度和執行機制的決定（草案）》的説明〉，新華社，2020 年 5 月 28 日。

化執法力量。」「絕不容忍任何挑戰『一國兩制』底線的行為，絕不容忍任何分裂國家的行為。」[65] 貫徹落實中央決策部署，在香港目前形勢下，必須從國家層面建立健全香港特別行政區維護國家安全的法律制度和執行機制，改變國家安全領域長期「不設防」狀況，在憲法和香港基本法的軌道上推進維護國家安全制度建設，加強維護國家安全工作，確保香港「一國兩制」事業行穩致遠。[66]

香港「修例風波」中，「港獨」份子、激進分離勢力和反對派的活動已經嚴重踐踏香港法治，破壞社會穩定，重創香港經濟，損害香港的營商環境和國際形象，影響外來投資者對香港的信心。國際權威機構連番下調香港的信貸評級，香港痛失連續保持了二十五年的全球最自由經濟體地位，全球金融中心排名也跌至第六位。香港 2020 年一季度經濟大幅收縮 8.9%，是有記錄以來最大單季跌幅，3月至 5 月期間的失業率已飆升至 5.9%，為十五年來的最高值。這正是香港當時面臨的嚴峻現實。

《人民日報》評論員指出，「『港獨』、『黑暴』、『攬炒』之所以愈演愈烈，分裂、顛覆、滲透、破壞之所以肆無忌憚，根本原因就在於此。及時填補國家安全漏洞，採取有效措施止暴制亂，恢復香港良好法治環境和營商環境，符合香港社會各階層、各界別以及外來投資者的共同利益，

65　《中共中央關於堅持和完善中國特色社會主義制度 推進國家治理體系和治理能力現代化若干重大問題的決定》。

66　王晨：〈關於《全國人民代表大會關於建立健全香港特別行政區維護國家安全的法律制度和執行機制的決定（草案）》的說明〉。

也是保持香港作為國際金融、貿易、航運中心地位的重要條件」。[67]《人民日報》評論員也相信，「可以預見，隨着《中華人民共和國香港特別行政區維護國家安全法》頒佈實施，國家安全的底線將更清晰，是非標準將更明確，人為製造的對立與內耗將會減少，全社會可以輕裝前行、聚焦發展」。[68]

（二）香港國安法的性質與精神

2020 年 5 月 28 日，第十三屆全國人民代表大會第三次會議第三次全體會議表決通過《全國人民代表大會關於建立健全香港特別行政區維護國家安全的法律制度和執行機制的決定（草案）》。2020 年 6 月 30 日，全國人大常委會通過《中華人民共和國香港特別行政區維護國家安全法》（以下簡稱香港國安法），並按基本法第 18 條列入基本法附件三，同日在香港實施。

不少香港問題專家和香港社會各界人士認為，隨着香港國安法的實施，香港進入了新的歷史時刻，開始了「二次回歸」的歷史進程，開啟了香港形勢撥亂反正、由亂到治、由治而興的重大轉折，有利於「一國兩制」實踐行穩致遠，也保護了香港居民根據基本法所享有的合法權利和自由。

67　〈香港長期繁榮穩定的「防波堤」〉。
68　同上。

　　香港國安法既具有綜合性法律的特徵，又具有專門法的獨特性。香港國安法明確規定了應被定罪和懲處的四種刑事犯罪行為，即「分裂國家、顛覆國家政權、恐怖活動、勾結外國或者境外勢力危害國家安全」。[69] 因此，初看之下，香港國安法是一部刑事法律。然而，香港國安法也從特別行政區和中央兩個層級明確了在香港特別行政區維護國家安全的新的制度安排和執法機制，因此它又可以被視為一部組織法。此外，這部法律還有涉及到執法與訴訟程序的的具體規定，因此它又是一部程序法。此外，香港國安法第 9 條、第 10 條明確規定，香港特別行政區內的媒體、非政府組織、大中小學等不同機構都有維護國家安全的職責，而且該法對互聯網服務供應商亦提出相關法律要求。因此，香港國安法不僅僅是一部刑事法律，其作為一部綜合性法律勢必發生深遠的政治與社會影響。

　　香港國安法體現了「一國」大於「兩制」、「兩制」派生並且從屬於「一國」的關係。香港國安法是貫徹中共十九屆四中全會「建立健全特別行政區維護國家安全的法律制度和執行機制」精神的結果，其制定則是由全國人大授權全國人大常委會，可以說香港國安法的醞釀和產生都是由中央主導。但是，香港國安法也把大量的管轄權、維護國家安全的案件授權給香港特區政府，將大部分案件的執法、起訴和審判都交給特區政府相關部門來負責辦理，

69　《中華人民共和國香港特別行政區維護國家安全法》（2020 年 6 月 30 日）。

並且加強了行政長官的責任和權利，實際上擴大了特區政
府的職責範圍和權限範圍。

（三）香港國安法的內容與影響

　　香港國安法進一步闡述並規範中央政府與特區政府各
自的事權。香港國安法第 3 條明確了兩個責任，即中央人
民政府對香港特別行政區有關的國家安全事務負有根本責
任，香港特別行政區負有維護國家安全的憲制責任，應當
履行維護國家安全的職責。全國港澳研究會副會長、清華
大學港澳研究中心主任王振民教授指出，「根本責任有三個
含義，第一個含義它是固有的責任，是原始的、初始的、
固有的責任；第二個它是全面的責任；第三個它是最高的
責任，有關國家安全的事務到了中央層面就是要做最終決
策的責任，特別行政區這個法律裏用的是憲制責任，憲制
責任和國家的根本責任有區別。中央是全面的，中央授權
你幹什麼你就幹什麼，沒有授權的你就沒有；另外這個責
任要服從中央的最高責任」。[70]

　　香港國安法明確規定了香港維護國家安全的執行機
制。香港國安法規定，香港特別行政區設立維護國家安全
委員會，其工作不受香港特別行政區任何其他機構、組織
和個人的干涉，工作信息不予公開，決定不受司法覆核；

70　〈焦點訪談：香港國安法，深度解讀來了〉，中國中央電視台 2020 年 7 月
　　3 日。

香港特別行政區政府警務處設立維護國家安全的部門，配備執法力量；香港特別行政區政府律政司設立專門的國家安全犯罪案件檢控部門，負責危害國家安全犯罪案件的檢控工作和其他相關法律事務；香港特別行政區行政長官指定若干名法官，負責處理危害國家安全犯罪案件；中央人民政府在香港特別行政區設立維護國家安全公署，依法履行維護國家安全職責，行使相關權力。其中，香港國安法第 13 條由行政長官擔任國家安全委員會主席、第 18 條由行政長官任命律政司國安犯罪案件檢控部門負責人以及第 44 條行政長官可任命法官等條文中都體現了「行政主導」的特點，而這本身也是「一國兩制」的核心要素。

香港國安法強化特區執法力量。香港國安法第 43 條規定，警務處維護國家安全部門辦理危害國家安全犯罪案件時，可以採取香港現行法律准予各種措施以外的一些措施，包括搜查可能存有犯罪證據的處所、車輛、船隻、航空器以及其他有關地方和電子設備，要求涉嫌實施危害國家犯罪行為的人員交出旅行證件或者限制其離境，對用於或者意圖用於犯罪的財產、因犯罪所得的收益等與犯罪相關的財產，予以凍結，申請限制令、押記令、沒收令以及充公，要求信息發佈人或者有關服務商移除信息或者提供協助，要求外國及境外政治性組織，外國及境外當局或者政治性組織的代理人提供資料，對有合理理由懷疑涉及實施危害國家安全犯罪的人員進行截取通訊和秘密監察，對有合理理由懷疑擁有與偵查有關的資料或者管有有關物料的人員，要求其回答問題和提交資料或者物料。同

時，香港國安法第 16 條規定，警務處維護國家安全部門可以從香港特別行政區以外聘請合格的專門人員和技術人員，協助執行維護國家安全相關任務，這也有助於從內地或其他地區合法聘請有能力和經驗執行國安任務的執法人員。

香港國安法針對性防範外國干涉勢力。「防範和遏制外部勢力干預港澳事務」是中共十八大以來中央一直堅持強調的論述，也是香港國安法的立法目的之一。《全國人民代表大會關於建立健全香港特別行政區維護國家安全的法律制度和執行機制的決定》表示，「國家堅決反對任何外國和境外勢力以任何方式干預香港特別行政區事務，採取必要措施予以反制，依法防範、制止和懲治外國和境外勢力利用香港進行分裂、顛覆、滲透、破壞活動」。[71] 香港國安法多處條文均可視作反制外部勢力干預香港事務的措施，例如「勾結外國或者境外勢力危害國家安全罪」，以及第 38 條規定「不具有香港特別行政區永久性居民身份的人在香港特別行政區以外針對香港特別行政區實施本法規定的犯罪的，適用本法」。[72]

全國人大常委會根據全國人大的授權制定有關法律，着力健全完善新形勢下香港特別行政區同憲法、香港基本法和全國人大《決定》實施相關的制度機制，着力解決香

---

71 《全國人民代表大會關於建立健全香港特別行政區維護國家安全的法律制度和執行機制的決定》（2020 年 5 月 28 日）。

72 《中華人民共和國香港特別行政區維護國家安全法》（2020 年 6 月 30 日）。

港特別行政區在維護國家安全方面存在的法律漏洞、制度缺失和工作「短板」，着力落實香港特別行政區維護國家安全的憲制責任和主要責任，着力從國家和香港特別行政區兩個層面、法律制度和執行機制兩個方面作出系統全面的規定，着力處理好《中華人民共和國香港特別行政區維護國家安全法》與國家有關法律、香港特別行政區本地法律的銜接、兼容和互補關係[73]——這「五個着力」，正是為了全面準確貫徹「一國兩制」方針，確保「一國兩制」在香港的實踐不變形、不走樣，始終沿着正確方向前進。

　　香港國安法的頒佈實施「事有必至、理有固然」，既是歷史的偶然，也是符合事物發展規律的必然。這部法律體現了全面準確貫徹「一國兩制」方針的總要求，把「一國兩制」的原則和底線進一步法律化，築牢了在香港特別行政區防控國家安全風險的制度屏障，對「一國兩制」實踐行穩致遠具有深遠影響；標誌着中央更加注重治港制度的頂層設計，更加注重法治思維，更加注重標本兼治、剛柔相濟，更加注重用好憲法和基本法賦予中央的權力，並且和香港特別行政區的治理體系有機結合，從而牢牢把握香港局勢發展的大方向和主導權。[74]

73　《全國人民代表大會關於建立健全香港特別行政區維護國家安全的法律制度和執行機制的決定》（2020 年 5 月 28 日）。

74　〈國務院新聞辦就香港特別行政區維護國家安全法有關情況舉行發佈會〉，中國網，2020 年 7 月 1 日，http://www.gov.cn/xinwen/2020-07/01/content_5523217.htm。

第七節　全面落實「愛國者治港」原則

2021 年 3 月 11 日，第十三屆全國人民代表大會第四次會議通過《全國人民代表大會關於完善香港特別行政區選舉制度的決定》，授權全國人民代表大會常務委員會根據本決定修改《中華人民共和國香港特別行政區基本法》附件一《香港特別行政區行政長官的產生辦法》和附件二《香港特別行政區立法會的產生辦法和表決程序》。2021 年 3 月 30 日，十三屆全國人大常委會第二十七次會議根據《全國人民代表大會關於完善香港特別行政區選舉制度的決定》的授權，通過新修訂的《中華人民共和國香港特別行政區基本法附件一香港特別行政區行政長官的產生辦法》、《中華人民共和國香港特別行政區基本法附件二香港特別行政區立法會的產生辦法和表決程序》。

（一）完善香港選舉制度的背景

2019 年「修例風波」期間，「港獨」猖獗、「黑暴」肆虐、「攬炒」橫行，各種激進破壞活動肆無忌憚，外國勢力指手畫腳、深度干預，導致香港陷入曠日持久的動亂，法治被嚴重踐踏，社會被嚴重撕裂，經濟受到嚴重衝擊，國際形象受到嚴重損害。中央港澳工作領導小組辦公室、國務院港澳事務辦公室在《求是》雜誌發文指出，「修例風波」實質上是一場港版「顏色革命」，反中亂港勢力及其背後支持的外部勢力不僅是要奪取香港管治權，搞亂香港，而且

企圖搞亂內地，顛覆中國共產黨的領導和中國特色社會主義制度，阻撓中華民族偉大復興的進程。[75]

面對「修例風波」造成的香港回歸以來最嚴峻的局勢，以習近平為核心的中共中央審時度勢，果斷決策，決定成立中央港澳工作領導小組，並接連推出系列重大舉措。

2020 年 5 月 28 日，全國人大作出關於建立健全香港特別行政區維護國家安全的法律制度和執行機制的決定，並授權全國人大常委會制定香港國安法，一舉堵塞了香港特別行政區在維護國家安全方面存在的制度漏洞。

2020 年 7 月，香港特別行政區政府宣佈推遲第七屆立法會選舉，全國人大常委會隨後作出關於香港特別行政區第六屆立法會繼續履職不少於一年的決定。

2020 年 11 月，全國人大常委會就立法會議員資格問題作出決定，香港特別行政區政府據此依法取消立法會部分議員的資格。

中央還堅定支持香港特別行政區政府依法追究黎智英、戴耀廷、黃之鋒等反中亂港骨幹份子的犯罪行為，在教育、傳媒等領域推進撥亂反正工作。

在上述重大舉措的綜合作用之下，香港局勢迎來撥亂反正、由亂到治、由治而興的重大轉折，香港的發展逐步走上正軌。但中央港澳工作領導小組辦公室、國務院港澳

75　中央港澳工作領導小組辦公室、國務院港澳事務辦公室：〈完善香港選舉制度 落實「愛國者治港」確保「一國兩制」實踐行穩致遠〉，《求是》，2021 年第 8 期。

事務辦公室也指出,必須清醒地看到,香港社會政治生態仍然十分複雜,反中亂港勢力與愛國愛港力量爭奪香港管治權的鬥爭仍然十分激烈。修補香港原有選舉制度存在的漏洞和缺陷,成為確保香港特別行政區政權安全和政治安全的另一項緊迫任務。[76]

香港選舉制度,主要指行政長官和立法會的產生辦法。其基本內容是三十多年前起草基本法時確定的,集中體現在基本法第 45 條和第 68 條及附件一和附件二的有關規定中。這些規定總體上符合憲法和基本法確定的香港特別行政區憲制秩序,但也存在一些先天不足。中央港澳工作領導小組辦公室、國務院港澳事務辦公室在文章中指出,隨着形勢的發展,香港選舉制度存在的漏洞和缺陷愈益凸顯。[77]

一是行政長官和立法會產生辦法長期處於不確定狀態,每隔四五年有關產生辦法的修改問題就成為特別行政區政府和香港社會必須面對的政治議題,為反中亂港勢力打着民主的幌子,以盡快實行「雙普選」為口號,不斷蠱惑民意、煽動對抗留下了空間,成為香港政局動盪的催化劑。

二是有關產生辦法為反中亂港勢力通過選舉進入特別行政區的政權機關和其他治理架構提供了可乘之機,也難以有效阻止外部勢力通過多種方式深度干預和滲透香港事

76　同上。

77　同上。

務，進而從事危害我國家安全的活動。

例如，2019 年 11 月香港特別行政區第六屆區議會選舉中，反中亂港勢力借助舞弊、暴力、脅迫、恐嚇等手段影響選情，在奪取區議會多數席位後，更加肆意妄為，把基本法明文規定的作為非政權性組織的區議會，變為煽動對抗、大搞政治操弄的高度政治化組織，一些人甚至濫用職權，將區議會變成宣揚「港獨」思想、進行顛覆活動的平台。

此後，圍繞香港特別行政區第七屆立法會選舉，反中亂港勢力無視香港國安法的規定，非法組織所謂「初選」，公然宣稱「真攬炒十部曲」，妄圖控制立法會和行政長官選委會，進而實現他們以「禍國亂港」為目的的奪權計劃。鐵一般的事實證明，反中亂港勢力及其背後支持的外部勢力是「一國兩制」事業的最大威脅，是香港繁榮穩定的最大禍害。

中央港澳工作領導小組辦公室、國務院港澳事務辦公室在文章中指出，全面準確貫徹「一國兩制」方針，必須完善「一國兩制」制度體系，必須修改完善香港選舉制度，切斷反中亂港勢力奪取香港管治權的制度通道。這是確保「一國兩制」實踐行穩致遠和香港長治久安的治本之策。[78]

78　同上。

（二）「愛國者治港」原則的內涵與「一國兩制」方針原意

　　「愛國者治港」原則是「一國兩制」方針的原意。1982年 8 月 10 日，鄧小平會見美籍華人科學家鄧昌黎、陳樹柏、牛滿江、葛守仁、聶華桐等，並第一次公開表達了「愛國者治港」的方針政策。鄧小平表示：「就是一個原則，一九九七年香港一定要收回，同時宣佈以後的政策。香港不收回，我們這些管事的人，歷史上將怎樣寫我們？說得露骨點是賣國賊，含蓄點是清朝皇帝。香港收回後作為特別行政區，制度、生活方式等都不變，力求保持現在的國際貿易中心、金融中心的地位。打中華人民共和國的旗，稱為『中國香港』。香港的管理，北京不派人，香港自己找人管，香港必須以愛國者為主體的香港人管理。」[79]

　　1983 年 4 月 22 日，鄧小平出席中共中央政治局擴大會議，審議國務院港澳事務辦公室關於解決香港問題的修改方案。會議上，鄧小平進一步闡述了「愛國者治港」的思想，並第一次解釋了「愛國者」的標準。鄧小平明確表示，即將開始的中英談判，必須解決一個問題：「從現在起到一九九七年這十四年過渡時期中，怎麼保證香港不出亂子，雙方都不做損害香港繁榮的事情，怎麼做到順利交接，確定香港人怎麼樣在各行各業，特別是政治、經濟、

79　中共中央文獻研究室編：《鄧小平年譜：一九七五～一九九七》（下），頁837－838。

法律、對外事務等方面逐步參與的方式。」[80]

　　為了保證香港回歸祖國以後可以貫徹落實「港人治港」的方針政策，鄧小平表示：「將來特別行政區政府由香港愛國者為主體組成。愛國者的標準就一條，贊成中國收回香港，擁護國家統一。現在就要考慮培養人才，並逐步參與管理。為此，有必要在香港成立若干政治性社團，以便從中鍛煉一批政治人物。」在這段講話中，鄧小平明確提出了「港人治港」的兩個抓手：第一，必須積累一定的社會及政治經驗，具備管治才能；第二，必須符合贊成中國收回香港、擁護國家統一的「愛國者」標準。[81]

　　儘管中方已經表達了誠意，香港社會一些人士依然心存憂慮。1984 年 5 月，以鍾士元為首的港英行政、立法兩局非官守議員決定分別赴「英國本土」和「中國本土」「為民請命」。5 月 9 日到 24 日，兩局議員赴倫敦會見了英國首相戴卓爾夫人和英國外交大臣賀維（Geoffrey Howe），旁聽了英國國會的上、下兩院對香港前途問題的辯論，並發表了所謂的「兩局立場書」表達對香港前途的憂慮。從倫敦返港後，6 月 21 日到 24 日，兩局議員又赴北京，向中央提交了一份「備忘錄」，就香港前途問題提出三點建議。6 月 23 日，鄧小平會見了鍾士元、鄧蓮如和利國偉一行三人。在這次談話中，鄧小平系統地闡述了「愛國者治港」的思想。

80　同上，頁 901−902。

81　同上。

　　在會談伊始，鍾士元即表達了香港社會一些人對香港前途的憂慮。他表示：「港人繼續心存憂慮，人心動盪不安，確切是不移的事實……港人失卻信心，人才外流，資金外移，投資不足，經濟衰退。」他尤其擔心，中央將來會「改變現行國策，否定一個國家、兩種制度的政策，使五十年不變的承諾，全部落空」。[82]

　　鄧小平首先表達了對香港回歸祖國以後實行「港人治港」的信心。用他的話講：「要相信香港的中國人能治理好香港。不相信中國人有能力管好香港，這是老殖民主義遺留下來的思想狀態。鴉片戰爭以來的一個多世紀裏，外國人看不起中國人，侮辱中國人。中華人民共和國建立後，改變了中國的形象。中國今天的形象，不是晚清政府、不是北洋軍閥、也不是蔣氏父子創造出來的。是中華人民共和國改變了中國的形象。凡是中華兒女，不管穿什麼服裝，不管是什麼立場，起碼都有中華民族的自豪感。香港人也是有這種民族自豪感的。香港人是能治理好香港的，要有這個自信心。香港過去的繁榮，主要是以中國人為主體的香港人幹出來的。中國人的智力不比外國人差，中國人不是低能的，不要總以為只有外國人才幹得好。要相信我們中國人自己是能幹得好的。」[83]

　　針對鍾士元所說的「香港人沒有信心」，鄧小平指出，

82　鍾士元：《香港回歸歷程──鍾士元回憶錄》，香港：香港中文大學出版社，2001 年，頁 73－75。

83　鄧小平：〈一個國家，兩種制度〉。

「這不是香港人真正的意見」。一方面，「目前中英談判的內容還沒有公佈，很多香港人對中央政府的政策不了解，他們一旦真正了解了，是會完全有信心的」。另一方面，「我們對解決香港問題所採取的政策，是國務院總理在第六屆全國人民代表大會第二次會議的政府工作報告中宣佈的，是經大會通過的，是很嚴肅的事」。由此可見，在香港問題上，中央的政策已比較周全，而誠意亦足夠充分。這意味着，香港人對香港前途的信心，取決於其對中國政府的信任。「如果現在還有人談信心問題，對中華人民共和國、對中國政府是沒有信任感，那末，其他一切都談不上了」。[84]

在談話最後，鄧小平提出了「港人治港」就是「愛國者治港」的論斷。他表示：「港人治港有個界線和標準，就是必須由以愛國者為主體的港人來治理香港。未來香港特區政府的主要成分是愛國者，當然也有要容納別的人，還可以聘請外國人當顧問。」那麼，什麼叫愛國者？鄧小平進一步闡述道：「愛國者的標準是，尊重自己民族，誠心誠意擁護祖國恢復行使對香港的主權，不損害香港的繁榮和穩定。只要具備這些條件，不管他們相信資本主義，還是相信封建主義，甚至相信奴隸主義，都是愛國者。我們不要求他們都贊成中國的社會主義制度，只要求他們愛祖國，愛香港。」[85]

總體而言，鄧小平對「愛國者」的定義，不僅是從政

84　同上。

85　同上。

治倫理上提出的要求，而且是具有規範意義的「界線和標準」。一個愛國者，不能只是熱愛傳統文化和大好河山，更重要的是要明白，在 1840 年以後的一百多年裏，中華民族如何從低谷重新崛起。一個人如果充分認識這一段歷史，一定會發自內心地認同中華人民共和國，認同中國對香港的主權，以及中央政府對香港的全面管治權——換言之，「尊重自己民族，誠心誠意擁護祖國恢復行使對香港的主權」。在這種情況下，他一定不會做出「損害香港的繁榮和穩定」的事。所有參與香港管治的人士，都必須遵循這一嚴格的「界線和標準」。

香港回歸使得「愛國者治港」原則得以實踐並發展。特別是中共十八大以來，隨着「一國兩制」實踐的不斷深入，「愛國者治港」原則在新時代顯得愈發重要。

2017 年 10 月，中共十九大報告提出，「我們堅持愛國者為主體的『港人治港』、『澳人治澳』，發展壯大愛國愛港愛澳力量，增強香港、澳門同胞的國家意識和愛國精神，讓香港、澳門同胞同祖國人民共擔民族復興的歷史責任、共用祖國繁榮富強的偉大榮光。」[86]

2019 年 10 月，中共十九屆四中全會《決定》提出，「完善特別行政區同憲法和基本法實施相關的制度和機制，堅持以愛國者為主體的『港人治港』、『澳人治澳』，提高特

86　習近平：《決勝全面建成小康社會，奪取新時代中國特色社會主義偉大勝利——在中國共產黨第十九次全國代表大會上的報告》。

別行政區依法治理能力和水平」。[87]

2021 年，習近平主席在聽取香港特別行政區行政長官林鄭月娥 2020 年度述職報告時強調，香港由亂及治的重大轉折，再次昭示了一個深刻道理，那就是要確保「一國兩制」實踐行穩致遠，必須始終堅持「愛國者治港」。這是事關國家主權、安全、發展利益，事關香港長期繁榮穩定的根本原則。只有做到「愛國者治港」，中央對特別行政區的全面管治權才能得到有效落實，憲法和基本法確立的憲制秩序才能得到有效維護，各種深層次問題才能得到有效解決，香港才能實現長治久安，並為實現中華民族偉大復興作出應有的貢獻。[88]

2021 年 2 月，全國政協副主席、國務院港澳辦主任夏寶龍在「完善『一國兩制』制度體系，落實『愛國者治港』根本原則」專題研討會上的致辭，更加具體地闡述了中央對「愛國者治港」重要原則的看法。

夏寶龍主任表示，「愛國者治港」是「一國兩制」方針的應有之義，是香港回歸祖國這一歷史巨變的必然要求，是全面準確貫徹「一國兩制」方針必須遵循的根本原則。他提出三個堅持「愛國者治港」的客觀標準和要求：愛國者必然真心維護國家主權、安全、發展利益，必然尊重和維護國家的根本制度和特別行政區的憲制秩序，必然全力

---

87 《中共中央關於堅持和完善中國特色社會主義制度 推進國家治理體系和治理能力現代化若干重大問題的決定》。

88 〈習近平聽取林鄭月娥述職報告〉，新華社，2021 年 1 月 27 日。

維護香港的繁榮穩定。夏寶龍主任也對香港特別行政區肩負重要管治責任的人士提出四點要求：全面準確貫徹「一國兩制」方針，是堅持原則、敢於擔當，胸懷「國之大者」，精誠團結。[89]

夏寶龍主任指出，「從近一段時間香港社會圍繞『愛國者治港』問題進行的討論可以看出，香港社會比以往任何時候都更加深切地認識到把『愛國者治港』落到實處的極端重要性和極端緊迫性。我對此深表贊同。落實『愛國者治港』原則當然需要多措並舉、綜合施策，而其中最關鍵、最急迫的是要完善相關制度，特別是要抓緊完善有關選舉制度，確保香港管治權牢牢掌握在愛國愛港者手中」。他進一步強調，完善香港選舉制度，必須堅持五條原則：必須嚴格依照憲法和基本法辦事，必須尊重中央的主導權，必須符合香港實際情況，必須落實行政主導體制，必須有健全的制度保障。[90]

（三）政制發展須符合實際與「一國兩制」方針原意

當香港回歸已成定局，港英政府匆忙啟動了所謂的「代議政制改革」，目的是以「還政於民」取代「還政於中」，繼而推動香港成為一個半獨立的政治實體。自此，一向以

89　夏寶龍：《全面落實「愛國者治港」原則　推進「一國兩制」實踐行穩致遠》（2021 年 2 月 22 日），國務院港澳事務辦公室，https://www.hmo.gov.cn/xwzx/zwyw/202102/t20210222_22415.html。

90　同上。

「政治冷感」著稱的香港，湧現出各式各樣的政團，並逐漸形成了一個今天稱為「泛民主派」的政治陣營。他們要求以「立法主導」取代「行政主導」，推行英式「部長制」；並提出所謂「民主回歸論」，要求並加快民主步伐，使香港在回歸前就完全民主化。

《中英聯合聲明》關於香港特區的政治體制，除在司法制度和對原香港公務、警務人員的政策方面有較為詳細的規定外，其他方面只有幾條原則：（1）行政長官在當地通過選舉或協商產生，由中央人民政府任命；（2）主要官員由行政長官提名，報中央人民政府任命；（3）立法機關通過選舉產生；（4）行政機關必須遵守法律，對立法機關負責。除此之外，《中英聯合聲明》並沒有對未來香港特區的政治體制作出明確規定。因此，基本法起草工作就必須完成為未來香港特區設計一套政治體制的艱巨任務。

在此背景下，未來香港特區應採取何種政治體制，自然成為基本法制定過程中分歧最大、爭論時間最長的問題。基本法起草工作開始以後，基本法起草委員會和諮詢委員會內部，以及整個香港社會，都對未來香港特區的政治體制，尤其是行政機關和立法機關的關係及產生辦法，展開了熱烈討論。

就行政機關與立法機關的關係而言，主要有兩種觀點。民主派認為，香港應實行三權分立、立法主導的政治體制，立法機關是決策機關，而行政機關只是聽命於立法機關的執行機關。另一部分人認為，香港應採取三權分立、行政主導的政治體制，因為香港長期實行行政主導，

行政效率高，有利於維護香港的繁榮穩定。

　　就行政機關與立法機關的產生方式而言，亦主要有兩種觀點。民主派認為，香港應馬上實行一人一票普選行政長官和立法會議員，廢除立法會功能組別，以使香港政治體制符合所謂「國際人權標準」。另一部分人擔心過快民主化會損害香港繁榮穩定，強調政制發展應循序漸進，不可馬上實行「雙普選」。後來，圍繞行政長官和立法機關產生問題，香港社會出現了各種不同方案，如由八十九名工商、專業界諮詢委員提出的「八十九人方案」，由民主派提出的「一九〇人方案」，以及由查良鏞提出的「協調方案」等。

　　基本法起草委員會政治體制專題小組開始工作時，首先在關於設計香港特區政治體制應該遵循的基本原則上達成了基本共識。概括而言，基本法的政治體制應符合以下三點原則：（1）要符合《中英聯合聲明》的精神和「一國兩制」的原則，既要維護國家統一，又要體現高度自治；（2）要有利於保持香港的穩定與繁榮，有助於香港資本主義經濟的發展，同時兼顧社會各階層利益；（3）要從香港的實際情況出發，保持香港原有政治體制的一些優點，並逐步發展適合於香港的民主制度。[91]

　　然而，在一些具體問題上，起草委員之間出現了很多分歧。據原國務院港澳辦副主任李後回憶，「在行政機關與

91　李後：《回歸的歷程》，香港：三聯書店，1997 年，頁 155－160。

立法機關的關係方面，香港委員中多數人主張三權分立、行政主導；少數人（李柱銘、司徒華）主張三權分立、立法主導。內地委員為了讓香港委員充分發表意見，一般不輕易表態，但私下都認為未來特別行政區的政治體制應該是行政主導⋯⋯後來經過多數委員同意，專題小組提出，原則採用三權分立的模式，即：司法獨立，行政機關與立法機關相互制衡，又相互配合。同時提出，行政長官應有實權，但也要受到必要的監督」。[92]

1987 年 4 月 16 日，鄧小平會見出席香港特別行政區基本法起草委員會第四次全體會議的全體委員，在講話中明確批評了「三權分立」的提法，結束了這場曠日持久的爭議。

鄧小平首先重申，基本法起草應遵循原則「宜粗不宜細」的原則。在基本法起草初期，香港社會一些人「老要求基本法訂得細一些，越細越好」。1984 年 12 月 20 日，鄧小平會見包玉剛時，專門談到了這個問題。他表示，基本法不應搞得過於繁瑣。一方面，「聯合聲明是國際上都承認的，有法律效力，聯合聲明已經規定很詳細了，有了它，基本法就可以搞得簡要一些。」另一方面，「搞得越細，將來就非變不行。他們不是怕變嗎？搞得那麼細，規定得那麼死，情況發生變化後，哪能不變？」面對基本法起草委員，鄧小平再次重申了「基本法不宜太細」的指導

92　同上。

原則。[93]

　　基本法雖然「不宜太細」，但終究還是要為未來香港特區的政治體制確立一個基本架構。所謂的「行政主導」與「立法主導」之爭，關鍵即在於此。接下來，鄧小平從立法機關與行政機關的關係及產生方式兩方面，討論了未來香港特區的政治體制選擇問題。

　　針對立法機關與行政機關的關係問題，鄧小平表示：「香港的制度也不能完全西化，不能照搬西方的一套。香港現在就不是實行英國的制度、美國的制度，這樣也過了一個半世紀了。現在如果完全照搬，比如搞三權分立，搞英美的議會制度，並以此來判斷是否民主，恐怕不適宜。對這個問題，請大家坐到一塊深思熟慮地想一下。」[94]

　　針對立法機關與行政機關的產生方式問題，鄧小平表示，不贊成香港馬上搞普選。鄧小平否認西方對民主定義的「壟斷」，認為民主並不只有一種形式，其實「有些事情，在某些國家能實行的，不一定在其他國家也能實行。我們一定要切合實際，要根據自己的特點來決定自己的制度和管理方式」。例如，「關於民主，我們大陸講社會主義民主，和資產階級民主的概念不同。西方的民主就是三權分立，多黨競選，等等。我們並不反對西方國家這樣搞，但是我們中國大陸不搞多黨競選，不搞三權分立、兩

93　鄧小平：〈會見香港特別行政區基本法起草委員會委員時的講話〉，頁215－222。

94　同上。

院制。我們實行的就是全國人民代表大會一院制，這最符合中國實際。如果政策正確，方向正確，這種體制益處很大，很有助於國家的興旺發達，避免很多牽扯」。[95]

鄧小平認為，考慮到實際情況，無論是大陸還是香港，都不宜馬上搞普選。鄧小平表示：「對香港來說，普選就一定有利？我不相信。比如說，我過去也談過，將來香港當然是香港人來管理事務，這些人用普遍投票的方式來選舉行嗎？我們說，這些管理香港事務的人應該是愛祖國、愛香港的香港人，普選就一定能選出這樣的人來嗎？最近香港總督衛奕信講過，要循序漸進，我看這個看法比較實際。即使搞普選，也要有一個逐步的過渡，要一步一步來。我向一位外國客人講過，大陸在下個世紀，經過半個世紀以後可以實行普選。現在我們縣級以上實行的是間接選舉，縣級和縣以下的基層才是直接選舉。因為我們有十億人口，人民的文化素質也不夠，普遍實行直接選舉的條件不成熟。」[96]

鄧小平的講話，明確否決了「三權分立、立法主導」的觀點，為基本法的政治體制條款的起草指明了方向。鄧小平講話後的第二天，政治體制專題小組負責人向香港記者解釋道：「小組較早時確定的政治體制，不是真正的『三權分立』，只是指司法獨立，行政機關與立法機關既相互制衡又相互配合。因找不到大家了解的名詞，就借用了『三

95　同上。

96　同上。

權分立」一詞。」此後，起草委員會不再使用「三權分立」
的提法，關於特區政治體制的討論開始向「行政主導、均
衡參與」的方向穩步推進。[97]「行政主導、均衡參與」也成
為香港回歸後特別行政區政治體制的主要特徵。

（四）完善香港選舉制度的內容

　　香港選舉制度，主要指行政長官和立法會的產生辦
法。其基本內容是三十多年前起草基本法時確定的，集中
體現在基本法第 45 條和第 68 條及附件一和附件二的有關
規定中。這些規定總體上符合憲法和基本法確定的香港特
別行政區憲制秩序，但也存在一些先天不足，隨着形勢的
發展，其漏洞和缺陷愈益凸顯。全國人大及其常委會完善
香港選舉制度最直接、最重要的目的，就是要有效彌補香
港特區選舉制度中存在的漏洞和缺陷，確保行政長官必須
由中央信任的堅定的愛國者擔任；確保愛國愛港力量在選
舉委員會和立法會中穩定地佔據壓倒性優勢；確保反中亂
港勢力在任何情況下都無法進入香港特區政權機關，進而
為「愛國者治港」提供堅實穩固、安全可靠的制度保障。[98]

　　2021 年 3 月 11 日，第十三屆全國人民代表大會第四次
會議通過《全國人民代表大會關於完善香港特別行政區選
舉制度的決定》，授權全國人民代表大會常務委員會根據本

97　李後：《回歸的歷程》，頁 155－160。

98　〈「愛國者治港」的堅實制度保障〉，《人民日報》，2021 年 4 月 12 日。

決定修改《中華人民共和國香港特別行政區基本法》附件一《香港特別行政區行政長官的產生辦法》和附件二《香港特別行政區立法會的產生辦法和表決程序》。這是最高國家權力機關根據新的形勢和需要就完善香港特別行政區選舉制度作出的新的憲制性制度安排，為修訂行政長官產生辦法提供了憲制依據。

2021 年 3 月 30 日，十三屆全國人大常委會第二十七次會議根據《全國人民代表大會關於完善香港特別行政區選舉制度的決定》的授權，嚴格遵循法定程序、廣泛聽取各界意見，通過新修訂的《中華人民共和國香港特別行政區基本法附件一香港特別行政區行政長官的產生辦法》、《中華人民共和國香港特別行政區基本法附件二香港特別行政區立法會的產生辦法和表決程序》。

《人民日報》評論員認為，經過修訂的附件一、附件二，充分體現「一國兩制」、「港人治港」、高度自治的方針和依法治港原則，全面落實「愛國者治港」原則，有助於提高香港特別行政區政府治理效能，體現參政議政的均衡參與，符合香港實際情況，具有堅實的法治基礎和強大的民意基礎，具有充分的正當性和顯著的進步性，是促進香港民主制度穩步向前發展的必要之舉，是確保「一國兩制」行穩致遠的治本之策。[99]

2021 年 5 月 27 日，香港特別行政區立法會審議通過

99　《人民日報》評論員：〈確保「一國兩制」行穩致遠的治本之策〉，《人民日報》，2021 年 3 月 31 日。

《2021 年完善選舉制度（綜合修訂）條例草案》，標誌着完善香港特別行政區選舉制度涉及的本地立法工作全面完成。國務院港澳辦發言人同日發表談話表示，這是依法治港、撥亂反正的又一重大制度成果，將開啟香港良政善治新篇章。以本地立法方式完善香港選舉制度，將堵塞原有選舉制度的漏洞，有利於終結以往出現過的選舉亂象。[100] 5 月 31 日，條例經行政長官簽署後刊憲公佈。

這次修改完善香港選舉制度的主要內容包括：

一是重新構建香港特別行政區選舉委員會並增加賦權。選舉委員會規模由 1,200 人增加至 1,500 人，界別構成由原來的四大界別增加至五大界別，新增第五界別即香港特別行政區全國人大代表和香港特別行政區全國政協委員、有關全國性團體香港成員的代表界。除繼續提名並選舉產生行政長官外，選舉委員會還被賦予選舉產生較大比例的立法會議員、直接參與提名全部立法會議員候選人兩項新的重要職能。

二是行政長官候選人提名採用「雙提名」機制，即候選人須獲得不少於 188 名選委（全體委員的八分之一）的聯合提名，且每個界別參與提名的委員須不少於 15 名；獲得有效提名的候選人須獲得全體委員過半數支持，才能當選為行政長官候任人。

三是立法會議員總數由 70 人增至 90 人，通過選委會

---

100 〈國務院港澳辦發言人：完善選舉制度將開啟香港良政善治新篇章〉，新華社，2021 年 5 月 27 日。

選舉、功能團體選舉、分區直接選舉等三種方式選舉產生，其中選委會選舉的議員佔據較大比例。

四是設立候選人資格審查委員會，負責審查並確認選舉委員會委員候選人、立法會議員候選人和行政長官候選人的資格，完善有關審查機制，對有關人士從參選、競選到當選後的表現進行全流程監督審查。

值得一提的是，香港特別行政區政府根據全國人大有關決定和全國人大常委會新修訂的基本法附件一、附件二提出的有關條例草案，涵蓋 8 項主體法例和 24 項附屬法例，全面落實全國人大及其常委會有關規定，有效修補了原有選舉法律的缺陷和不足。香港特別行政區政府迅速提出有關本地法律修訂法案，立法會在不到兩個月的時間內高質高效審議有關法案，愛國愛港政團社團和社會各界人士通過各種方式踴躍建言獻策，表達支持，使這項法案在立法會以高票支持獲得通過。這一切都充分體現了香港特別行政區政府、立法會和社會各界維護憲制秩序的責任擔當，也展現出香港特別行政區行政機關和立法機關相向而行、良性互動的新氣象。

根據修訂後的香港基本法附件一、附件二，此次完善選舉制度在香港設立了一個具有廣泛代表性、符合香港實際情況、體現香港社會整體利益的選舉委員會，賦予選舉委員會新職能並調整行政長官和立法會的產生辦法，將構建起一套確保「愛國者治港」原則全面落實、確保香港社會各界均衡參與、確保香港特別行政區管治效能有效提升，為維護國家主權、安全、發展利益和香港長期繁榮穩

定提供保障的有香港特色的新的民主選舉制度。

　　新通過的選舉制度條例與香港國安法以及公職人員宣誓效忠制度等條例一道，進一步確立了「愛國者治港」新秩序。在這一新秩序下，「愛國愛港」成為治港者共同的政治理念和價值追求。所有有志進入特別行政區治理架構擔任公職者，都必須堅定擁護「一國兩制」方針和基本法，尊重特別行政區憲制秩序，尊重中央全面管治權，自覺維護國家主權、安全、發展利益和香港的長期繁榮穩定。在這一新秩序下，危害特別行政區政治穩定和政權安全的亂象必將得到有效治理，香港民主政制將在健康有序的軌道上穩健向前發展。在這一新秩序下，香港特別行政區的治理效能將不斷提升，實現良政善治有了更堅實的保障。

第八節　中共建黨百年與中央關於港澳問題的新論述

2021 年是中國共產黨成立 100 周年。

2021 年 7 月，中共中央總書記、國家主席、中央軍委主席習近平在慶祝中國共產黨成立 100 周年大會上發表重要講話，回顧了中國共產黨百年奮鬥的光輝歷程，展望了中華民族偉大復興的光明前景，深刻闡述了以史為鑒、開創未來的根本要求，指明了向全面建成社會主義現代化強國的第二個百年奮鬥目標邁進的前進方向。習近平主席在這篇重要講話中深刻闡述了香港、澳門「一國兩制」事業，再次重申了全面準確貫徹「一國兩制」方針一以貫之的堅定立場。[101]

2021 年 11 月，中共十九屆六中全會在北京召開，審議通過《中共中央關於黨的百年奮鬥重大成就和歷史經驗的決議》，發出新時代中國共產黨人牢記初心使命、堅持和發展中國特色社會主義的政治宣言。六中全會公報明確指出，在堅持「一國兩制」和推進祖國統一上，黨中央採取一系列標本兼治的舉措，堅定落實「愛國者治港」、「愛國者治澳」，推動香港局勢實現由亂到治的重大轉折，為推進依法治港治澳、促進「一國兩制」實踐行穩致遠打下了堅實基礎。[102]

101　習近平：《在慶祝中國共產黨成立 100 周年大會上的講話》（2021 年 7 月 1 日），新華社，2021 年 7 月 1 日。

102　《中國共產黨第十九屆中央委員會第六次全體會議公報》（2021 年 11 月 11 日），新華社，2021 年 11 月 11 日。

（一）背景

百年以來，中國共產黨在重大歷史關頭，制定若干重大歷史決議，撥正了航船前進方向。在 1945 年抗日戰爭勝利前夕、中華民族由衰敗走向復興的重大轉折點上，在 1981 年改革開放大潮初起、決定當代中國前途命運的歷史轉折時期，中國共產黨先後制定兩個歷史決議，兩個歷史決議都對推動黨和人民事業發展起到了重要作用。

時至 2021 年，黨和國家距離第一個歷史決議制定已經過去七十六年，距離第二個歷史決議制定過去了四十年。四十年來，黨和國家事業大大向前發展，黨的理論和實踐也大大向前發展，黨和國家來到又一個應當總結而且能夠總結的重大歷史關頭——回顧過去、展望未來，對黨的百年奮鬥歷程進行全面系統的總結，既有客觀需要，也具備主觀條件。

對改革開放歷史新時期的成就和經驗，中共十一屆三中全會召開二十周年、三十周年、四十周年時，黨中央都進行了認真總結，特別是習近平主席在慶祝改革開放四十周年大會上作了系統總結。中共十八大以來，以習近平同志為核心的黨中央將學習黨的歷史、總結黨的歷史作為治國理政的重要經驗，提高到事關黨和國家工作全局的重要地位，向全黨全社會作出開展黨史、新中國史、改革開放史、社會主義發展史學習宣傳教育的總體部署。

目前，中國共產黨團結帶領人民已經踏上實現第二個百年奮鬥目標新的趕考之路，在全面建設社會主義現代化

強國的接續奮進中，更加需要借鑒百年歷史經驗、指引新的航程。同時，世界正經歷百年未有之大變局、新冠肺炎疫情全球大流行廣泛影響，外部環境更趨複雜嚴峻，國內疫情防控和經濟社會發展各項任務繁重艱巨，風險挑戰前所未有。

2021 年 2 月，一場特殊而重要的黨內集中教育——黨史學習教育大幕開啟。習近平指出，「回顧歷史不是為了從成功中尋求慰藉，更不是為了躺在功勞簿上、為迴避今天面臨的困難和問題尋找借口，而是為了總結歷史經驗、把握歷史規律，增強開拓前進的勇氣和力量」。[103]

正如香港《信報》社評所說，中國共產黨慶祝成立 100 周年，香港慶祝回歸二十四周年，兩者在七月一日重疊，更加印證香港和國家命運與共、密不可分。[104] 在上一個百年中，香港以自身獨特經歷融入了中國共產黨奮鬥的壯麗史詩歷程，是中國共產黨今日偉大成就的見證者、參與者，更是分享者；下一個百年，香港必將發揮出更大、更強、更顯著的作用。港人必須審視怎樣在「一國兩制」原則下，準確認識中國共產黨與香港特別行政區的關係，方知安身立命，亦知何去何從，共同努力譜寫更好的未來。

---

103 習近平：《在黨史學習教育動員大會上的講話》（2021 年 2 月 20 日），《求是》，2021 年第 4 期。

104 〈社評：百年黨慶印證中央和特區命運與共〉，《信報》，2021 年 7 月 2 日。

（二）《在慶祝中國共產黨成立 100 周年大會上的講話》 涉港澳內容

2021 年 7 月 1 日上午，慶祝中國共產黨成立 100 周年大會在北京天安門廣場隆重舉行，各界代表七萬餘人以盛大儀式歡慶中國共產黨百年華誕。中共中央總書記、國家主席、中央軍委主席習近平發表重要講話。

習近平代表黨和人民莊嚴宣告，經過全黨全國各族人民持續奮鬥，我們實現了第一個百年奮鬥目標，在中華大地上全面建成了小康社會，歷史性地解決了絕對貧困問題，正在意氣風發向着全面建成社會主義現代化強國的第二個百年奮鬥目標邁進。習近平強調，過去一百年，中國共產黨向人民、向歷史交出了一份優異的答卷。現在，中國共產黨團結帶領中國人民又踏上了實現第二個百年奮鬥目標新的趕考之路。[105]

習近平重要講話立意深遠，不僅高度概括了百年來中國共產黨團結帶領中國人民，為實現民族復興而努力奮鬥的輝煌歷史，展現了中國共產黨深得民心的執政基礎和強大的治理能力，還特別向香港特別行政區同胞、澳門特別行政區同胞和台灣同胞以及廣大僑胞致以誠摯的問候，為「一國兩制」在港澳的正確實施和解決台灣問題指明了方向。他指出：

105　習近平：《在慶祝中國共產黨成立 100 周年大會上的講話》。

我們要全面準確貫徹「一國兩制」、「港人治港」、「澳人治澳」、高度自治的方針，落實中央對香港、澳門特別行政區全面管治權，落實特別行政區維護國家安全的法律制度和執行機制，維護國家主權、安全、發展利益，維護特別行政區社會大局穩定，保持香港、澳門長期繁榮穩定。[106]

習近平主席在講話中專門提及港澳，反映黨中央重視香港，對港政策、方針和大方向沒有改變。同時，這也是針對近期香港實際環境指出了關鍵和重點，重申了香港享有高度自治，而中央擁有香港特區的全面管治權。習近平要求繼續落實維護國家安全制度機制等，同時提出要維護社會大局穩定及保持香港長期繁榮穩定，說明中央日後的政策及工作會圍繞有關方向落實，而香港也必須做出必要的行動，以保護國家的主權和安全及服務國家發展。

香港《大公報》社評表示，「『用歷史照見現實、遠觀未來』，香港市民必須準確認識、理解過去一百年的歷史。尤為重要的是，必須深刻認識到，沒有中國共產黨就沒有國家與民族的復興，更不會有祖國今天的繁榮昌盛；沒有共產黨也就不會有『一國兩制』，也不會有香港的順利回歸以及回歸後的繁榮穩定，更不會有香港今天的撥亂反正、重回正軌的穩定局面。只有中國共產黨才是香港利益的最大守護者，也只有中國共產黨才能維護港人最根本最切身

的利益。一言以蔽之：中國共產黨是香港前途與命運的守護者、開創者與推動者。」[107]

《香港商報》時評認為，「黨的百年基業中，香港回歸與『一國兩制』實踐是濃墨重彩的重要篇章。中國共產黨是『一國兩制』事業的創立者、領導者，更是『一國兩制』的踐行者和堅定維護者。回顧香港回歸 24 年，無論何時，香港有難，或現危機，黨和國家都會及時伸出援手，幫助香港走出困境。過去兩年，香港飽受修例風波和黑暴衝擊，中央果斷出手，先後推出香港國安法和完善選舉制度，才令香港由亂轉治，『一國兩制』實踐回歸正軌。昨天習近平在講話中論及港澳，表示要全面準確貫徹『一國兩制』、『港人治港』、『澳人治澳』、高度自治的方針，落實中央對港澳特別行政區全面管治權，落實特別行政區維護國家安全的法律制度和執行機制，維護國家主權、安全、發展利益，維護特別行政區社會大局穩定，保持港澳長期繁榮穩定。『雙落實』與『雙維護』，高度概括，信息清晰，原則方法和目標俱在其中，應是未來『一國兩制』實踐的根本遵循。」[108]

香港《文匯報》社評指出，「黨領導國家邁向第二個一百年奮鬥目標，無疑給香港融入國家發展大局帶來更多機遇。『一國兩制』是香港的最大優勢，國家改革開放是最

---

107 〈社評：以史為鑒開創未來　不負時代不負期望〉，《大公報》，2021 年 7 月 2 日。

108 趙燕玲：〈百年大黨風華正茂　一國兩制續寫華章〉，《香港商報》，2021 年 7 月 2 日。

大的舞台，共建『一帶一路』、粵港澳大灣區建設的實施是新的重大機遇，香港應趁勢而上，搭上祖國發展的高速列車，獲得化解各種深層次矛盾的巨大動能。而要把握好國家發展機遇，香港各界就必須充分了解中國共產黨的歷史和現實地位，旗幟鮮明擁護中國共產黨對『一國兩制』事業的領導；廣大香港市民尤其是青年必須更多認識國家，更多了解領導 14 億人民砥礪前進、自強不息的中國共產黨，增強對國家民族的歸屬感、自豪感、投入感，自覺融入中華民族偉大復興的征程，共同創造香港新的輝煌。」[109]

　　從香港回歸後的實踐看，中央對港一系列政策措施都是為了維護香港社會穩定，促進經濟發展，增進民生福祉。廣大市民應真心實意擁護黨的領導，繼續推進「一國兩制」成功實踐。在黨及中央政府大力支持下，香港應把握難得機遇，更積極為國家發展扮演更重要角色，以期更好地融入國家發展戰略，發揮香港作為國際大都會及特區的競爭優勢，為邁向第二個百年奮鬥目標貢獻力量。

（三）《中共中央關於黨的百年奮鬥重大成就和歷史經驗的決議》涉港澳內容

　　中國共產黨第十九屆中央委員會第六次全體會議，於 2021 年 11 月 8 日至 11 日在北京舉行。出席這次全會的有

---

109 〈社評：以史為鑒開創未來成就偉大夢想 堅定落實「一國兩制」再創香港輝煌〉，《文匯報》，2021 年 7 月 2 日。

中央委員 197 人，候補中央委員 151 人。中央紀律檢查委員會常務委員會委員和有關方面負責同志列席會議。黨的十九大代表中部分基層同志和專家學者也列席會議。全會聽取和討論了習近平受中央政治局委託作的工作報告，審議通過了《中共中央關於黨的百年奮鬥重大成就和歷史經驗的決議》，審議通過了《關於召開黨的第二十次全國代表大會的決議》。習近平就《中共中央關於黨的百年奮鬥重大成就和歷史經驗的決議（討論稿）》向全會作了說明。

在中國共產黨成立 100 周年的重要歷史時刻，在「兩個一百年」奮鬥目標的歷史交匯點，中共十九屆六中全會審議通過《中共中央關於黨的百年奮鬥重大成就和歷史經驗的決議》，發出新時代中國共產黨人牢記初心使命、堅持和發展中國特色社會主義的政治宣言。其中，決議的第五部分「開創中國特色社會主義新時代」闡述中國特色社會主義新時代這一中國發展新的歷史方位，概括黨的十八大以來黨的理論創新成果，深入分析新時代黨面臨的形勢、面對的風險挑戰，從包括堅持「一國兩制」在內的十三個方面分領域總結新時代黨和國家事業取得的歷史性成就、發生的歷史性變革，重點總結九年來的原創性思想、變革性實踐、突破性進展、標誌性成果。具體而言，涉港澳內容如下：

香港、澳門回歸祖國後，重新納入國家治理體系，走上了同祖國內地優勢互補、共同發展的寬廣道路，「一國兩制」實踐取得舉世公認的成功。同時，一個時期，受各種

內外複雜因素影響,「反中亂港」活動猖獗,香港局勢一度
出現嚴峻局面。黨中央強調,必須全面準確、堅定不移貫
徹「一國兩制」方針,堅持和完善「一國兩制」制度體系,
堅持依法治港治澳,維護憲法和基本法確定的特別行政區
憲制秩序,落實中央對特別行政區全面管治權,堅定落實
「愛國者治港」、「愛國者治澳」。

　　誠如《人民日報》評論部所說,以習近平同志為核心
的黨中央審時度勢,作出健全中央依照憲法和基本法對特
別行政區行使全面管治權、完善特別行政區同憲法和基本
法實施相關制度機制的重大決策,推動建立健全特別行政
區維護國家安全的法律制度和執行機制、制定《中華人民
共和國香港特別行政區維護國家安全法》、完善香港特別
行政區選舉制度,落實「愛國者治港」原則,支持特別行
政區完善公職人員宣誓制度。中央人民政府依法設立駐香
港特別行政區維護國家安全公署,香港特別行政區依法設
立維護國家安全委員會。中央堅定支持香港特別行政區依
法止暴制亂、恢復秩序,支持行政長官和特別行政區政府
依法施政,堅決防範和遏制外部勢力干預港澳事務,嚴厲
打擊分裂、顛覆、滲透、破壞活動。全面支持香港、澳門
更好融入國家發展大局,高質量建設粵港澳大灣區,支持
港澳發展經濟、改善民生,增強港澳同胞國家意識和愛國
精神。這一系列標本兼治的舉措,推動香港局勢實現由亂
到治的重大轉折,為推進依法治港治澳、促進「一國兩制」

實踐行穩致遠打下了堅實基礎。[110]

《決議》總結了中國共產黨百年奮鬥的重大成就與歷史經驗，證明「一國兩制」是守護香港、保持香港長期繁榮穩定的最佳制度。其中，《決議》大篇幅回顧香港局勢一度出現嚴峻局面後，中央依照憲法和基本法對特區行使全面管治權、完善特區同憲法和基本法實施相關制度機制的重大決策，有效抵禦外來勢力干預，保障「一國兩制」行穩致遠。在中國共產黨的有力領導下，香港國安法落地實施，新選舉制度開始運行，「愛國者治港」原則得到貫徹，幫助香港實現撥亂反正、由亂到治、由治而興，政治秩序和政治生態開始重建。這充分體現了中國共產黨的戰略自信和擔當作為，也獲得廣大香港市民的由衷好評與忠誠擁護。香港已進入嶄新的發展階段，更需要在中共十九屆六中全會精神指引下，加強政權建設，提升施政效能，實現良政善治。

港澳的未來發展機遇在於國家的發展。在中華民族偉大復興的進程中，香港不僅不能缺席，更是大有可為。香港社會應以高度的歷史自覺投入到這一進程中去，港人應抓住國家發展機遇，積極融入國家發展大局，為國家謀復興，為香港謀發展，大力推進粵港澳大灣區建設，全面參與國家重大發展戰略舉措，不斷探索新的經濟發展模式、拓展新的產業發展空間。

110《人民日報》評論部：〈堅持「一國兩制」和推進祖國統一〉，《人民日報》，2021 年 12 月 13 日，第 5 版。

第九節　香港大有可為必須嚴格落實「愛國者治港」原則

2021 年也是香港國安法實施一周年。全國政協副主席、國務院港澳事務辦公室主任夏寶龍 7 月 16 日在全國港澳研究會舉辦的「香港國安法實施一周年回顧與展望」專題研討會上，發表題為《全面深入實施香港國安法　推進「一國兩制」實踐行穩致遠》的講話，就學習貫徹習近平重要講話精神、全面深入實施香港國安法、推進「一國兩制」實踐行穩致遠提出看法。這次講話與夏寶龍主任 2021 年 2 月 22 日的講話一脈相承，也是對習近平主席七一重要講話和關於香港工作一系列重要論述的權威深入解讀，再次代表中央向香港釋放了重大政治和政策信號。

夏寶龍主任先回顧過去一年香港變化，彰顯國安法威力強大，證明是保香港安全、安定、安寧之法。展望將來，夏寶龍強調，在國安法保駕護航和嚴格落實「愛國者治港」原則下，香港在中華民族偉大復興歷史進程中必定大有可為，對香港前景充滿信心。夏寶龍主任的講話就是意在以香港的新局面傳遞信心、以各界的新表現傳遞力量、以時代的新要求傳遞責任、以發展的新藍圖傳遞希望。全面理解夏寶龍主任「7·16」講話，對於維護香港繁榮穩定、確保未來發展至關重要，對於推進「一國兩制」實踐行穩致遠具有深遠意義。

（一）背景

　　習近平主席強調，「國家安全是安邦定國的重要基石」。[111] 國安才能民安，國安才能港安。香港國安法的頒佈實施，一舉扭轉香港亂局，實現了重大轉折，使香港社會迅速重回正軌，是「一國兩制」實踐的重要里程碑。正如夏寶龍主任所說，有了香港國安法，香港維護國家安全「不設防」的歷史得以終結，徹底粉碎了港版「顏色革命」的圖謀；香港告別動盪不安的局面，社會逐步安定；香港特別行政區的管治秩序恢復正常，施政環境得以改善；愛國愛港旗幟高高飄揚，社會正氣充分彰顯；香港經濟金融繼續堅挺，「唱衰」香港的謊言不攻自破；香港社會對「一國兩制」信心倍增，認識更趨全面準確。

　　一年來，香港特區政府及其管治團隊堅決扛起全面落實香港國安法的責任；香港警隊「忠誠護國安，勇毅保家安」，嚴正執行香港國安法；香港社會各界愛國愛港人士眾志成城「撐國安」，凝聚起維護香港國安法的強大合力。一年來，香港國安法有效懲治和防範危害國家安全的罪行，使得繁榮穩定的香港再次閃耀「東方之珠」應有光彩，彰顯出香港國安法的強大威力。根據紫荊研究院所做的隨機抽樣調查，七成受訪港人對國安法帶來的六大成效感到滿意，其中滿意度最高的是「香港告別動盪不安的局面，社

111　習近平：《決勝全面建成小康社會，奪取新時代中國特色社會主義偉大勝利——在中國共產黨第十九次全國代表大會上的報告》。

會逐步安定」。[112] 香港警方 2020 年 11 月面向市民開通「國安處舉報熱線」，截至 2021 年 11 月該熱線已收到超過二十萬條訊息。[113] 以上數據充分說明，愈來愈多香港市民體會到「國安家好」的好處，日益堅定支持香港國安法。

正如新華社時評所說：

　　鞏固和發展香港國安法帶來的新局面，將是未來一段時間特區政府施政的重中之重。要對躲在暗處危害香港穩定的勢力保持高壓狀態，依法打擊本土恐怖主義。同時，更要聚焦發展，以良政善治夯實香港維護國安的根基，以更大決心和更廣視野着力化解香港經濟社會深層次問題。

　　「愛國者治港」原則的嚴格落實，正是達成上述目標的重要支撐。所有有志進入特區治理架構擔任公職者，都必須堅定擁護「一國兩制」方針和基本法，尊重特別行政區憲制秩序，尊重中央全面管治權，自覺維護國家主權、安全、發展利益和香港的長期繁榮穩定，勇於與干涉香港事務的外部勢力作鬥爭。[114]

---

112 〈紫荊民調：逾七成市民滿意香港國安法實施成效〉，大公文匯全媒體，2021 年 4 月 14 日，https://www.wenweipo.com/a/202104/14/AP6076f37ae4b0476859b6563c.html。

113 蕭景源：〈「國安處舉報熱線」一年接逾 20 萬條訊息〉，《文匯報》，2021 年 11 月 6 日。

114 牛琪：〈香港國安法落地生根　護佑「一國兩制」行穩致遠〉，新華社，2021 年 7 月 16 日。

（二）「鐵的底線」

習近平主席在慶祝中國共產黨成立 100 周年大會上向全世界莊嚴宣告，中華民族迎來了從站起來、富起來到強起來的偉大飛躍，實現中華民族偉大復興進入了不可逆轉的歷史進程；實現中華民族偉大復興，是近代以來包括香港、澳門同胞在內的全中國人民最偉大的夢想。[115]

夏寶龍主任指出，香港在中華民族偉大復興歷史進程中大有可為；中華民族偉大復興，香港、澳門絕不能缺席，也一定不會缺席。他指出，中央在香港、澳門所做的一切，從「一國兩制」的設計初衷，到國安法對香港的守護，都是為了香港、澳門好，為了香港、澳門同胞好。有「一國兩制」的獨特優勢，有憲法和基本法的重要保障，有香港國安法的有力護佑，有共建「一帶一路」、粵港澳大灣區建設等國家戰略實施帶來的重大機遇，香港必將變得愈來愈安全、愈來愈美好、愈來愈有魅力。[116]

夏寶龍主任也強調，香港大有可為必須嚴格落實「愛國者治港」原則；只有確保有管治才能的堅定的愛國者治港，香港才有可能大有可為。當前，落實「愛國者治港」原則，要確保即將到來的選舉委員會選舉、立法會選舉、行政長官選舉順利進行，確保香港特別行政區政權掌握在

---

115 習近平：《在慶祝中國共產黨成立 100 周年大會上的講話》。

116 夏寶龍：〈全面深入實施香港國安法 推進「一國兩制」實踐行穩致遠〉（2021 年 7 月 16 日），《紫荊》雜誌，八月號。

愛國愛港人士手中，推動香港實現良政善治。夏寶龍主任指出，要「堅決把反中亂港份子排除在特別行政區管治架構之外」，絕不容許任何一個反中亂港份子通過任何途徑和方式混進特別行政區管治架構，變成管治者，這是一條「鐵的底線」。[117]

正如香港《大公報》社評所說，確保「反中亂港者出局」這條「鐵的底線」，是體現「愛國者治港」原則的起碼要求，也是一個基本的政治倫理和政治規則。環顧世界各地，所有管治者都必須是由「愛國者」出任，所有身處重要崗位、掌握重要權力、肩負重要管治責任的人士，也都毫無例外地必須由堅定的愛國者擔任。香港從回歸的那一刻開始，就正式納入了國家治理體系，香港特區的政權必須由愛國者掌握，這是天經地義，理所當然。[118]

同確保「反中亂港者出局」這條「鐵的底線」，也是維護香港繁榮穩定的必要必須之舉，也是遏止政治亂象的最迫切的政治要求。回歸二十多年來的事實，尤其是「修例風波」證明，攬炒派及其背後支持的外部勢力，是「一國兩制」事業的最大威脅，是香港繁榮穩定的最大禍害。如果任由他們一步步奪取管治權，為所欲為，肆意從事各種危害國家安全和破壞香港繁榮穩定的活動，如果任由外國勢力干預香港選舉等事務，香港將會前景黯淡，難以保持國際金融、貿易、航運中心地位，甚至永無寧日，「一國兩

---

117 同上。
118〈社評：堅守「鐵的底線」確保愛國者當選〉，《大公報》，2021 年 8 月 2 日。

制」也難以順利實踐。[119]

　　為此，夏寶龍主任提出，香港特別行政區要堅決落實新選舉制度有關規定，發揮好選舉委員會的整體作用和資格審查委員會的把關作用，嚴格把好有關提名關和資格審查關，並做到全流程監督審查，堵住任何可能出現的漏洞。2021 年下半年至 2022 年上半年，香港先後舉行選舉委員會、立法會和行政長官三場重要選舉；確保由堅定的愛國者勝出，確保沒有一個反中亂港份子當選，是這一年內最重要最緊迫的任務。各界都須全力以赴貫徹落實到位，不容有失。[120]

　　要確保選舉順利進行，並選出既忠誠、又能幹的治港人才，這是落實「愛國者治港」原則必須通過的三道檢驗。市民需要熟悉並支持新選舉制度，理解中央為香港謀求長遠發展的良苦用心；各界有需要向全社會解說新選制，答疑解惑；特區更要發揮好選舉委員會的整體作用和資格審查委員會的把關作用，堵住任何可能出現的漏洞。

　　完善香港選舉制度後的首次選舉委員會選舉、立法會選舉、行政長官選舉分別於 2021 年 9 月 19 日、2021 年 12 月 19 日和 2022 年 5 月 8 日順利完成，新選舉制度全面落實，展現了香港民主實踐新氣象。其中，李家超高票當選香港特別行政區第六任行政長官。《人民日報》評論員指出：

119　同上。
120　同上。

新選制選賢與能，新選制開啟新局。第六任行政長官選舉充分證明，完善後的香港特區選舉制度，全面準確貫徹「一國兩制」方針和香港特區基本法，符合香港特區實際情況，能切實維護香港社會整體利益和各界別各階層利益，是香港民主制度的優化提升和與時俱進。香港社會各界普遍認為，新選制使得競選活動更加理性、公平、有序，更加注重民生和發展，更加注重參選人的能力和素質，有利於選出管治能力強的愛國者、「一國兩制」的守護者、良政善治的推動者、融入國家發展大局的促進者。新選制真正體現選舉本意，真正為香港人謀實惠、謀福祉。[121]

（三）「新的更高要求」

夏寶龍主任同時指出，在確保「反中亂港者出局」之外，另一方面也要確保選出管治能力強的堅定愛國者。

香港是一個國際化大都市，更是中華人民共和國主權範圍內的一個特別行政區，管治好香港絕非易事。管治者必須要有管治香港的真本領和承擔重任的真勇氣，必須始終把握好香港「一國兩制」實踐的大方向，必須堅守為人民服務的情懷，必須能夠破解香港深層次矛盾和問題，必須能在日益激烈的國際競爭環境中鞏固和提升香港的競爭力，必須能在新的歷史起點上實現香港更好發展。

---

121 《人民日報》評論員：〈「愛國者治港」新實踐 選賢舉能開新篇〉，《人民日報》2022 年，5 月 9 日，第 1 版。

如前所述，一個新的共識已經形成，香港種種問題的關鍵在於落實好「愛國者治港」。但香港社會對「愛國者治港」的認識還存在不少模糊、偏差之處。香港人都熟知中央對特首人選的四大標準：愛國愛港、有管治能力、中央信任、港人擁護。不過，中央過去並沒有就愛國愛港和管治能力提出具體要求。在選委會選舉、立法會選舉、特首選舉即將到來的時候，夏寶龍清晰表述「管治能力強的堅定愛國者」的具體內涵，對選舉順利舉行，落實「愛國者治港」具有重要意義。

具體而言，他提出了五點要求：

一是善於在治港實踐中全面準確貫徹「一國兩制」方針，做立場堅定的愛國者。堅決落實中央對特別行政區全面管治權、落實特別行政區維護國家安全的法律制度和執行機制，真誠擁護「一國兩制」方針，自覺地把堅持「一國」原則和尊重「兩制」差異、維護中央全面管治權和保障特別行政區高度自治權、發揮祖國內地堅強後盾作用和提高香港自身競爭力結合起來，旗幟鮮明地維護憲法和基本法確立的特別行政區憲制秩序，效忠中華人民共和國及其香港特別行政區，敢於同損害國家主權、安全、發展利益和損害香港繁榮穩定的言行作鬥爭。

二是善於破解香港發展面臨的各種矛盾和問題，做擔當作為的愛國者。具有戰略思維和宏闊眼光，注重調查研究和科學決策，勇擔當、敢碰硬、善作為，逢山能開路、遇水能架橋，消除影響香港社會政治生態好轉的各種痼

疾，衝破制約香港經濟發展和民生改善的各種利益藩籬，有效破解住房、就業、醫療、貧富懸殊等突出問題，不斷提高特別行政區治理能力和水平。

三是善於為民眾辦實事，做為民愛民的愛國者。樹立市民至上的服務意識，想市民之所想、急市民之所急、解市民之所困，始終貼基層、接地氣。特別是要聚焦廣大市民關注的事，花大力氣採取務實有效的辦法加以解決，每年辦幾件讓廣大市民看得見、摸得着、感受得到的實事，以施政業績取信於民。

四是善於團結方方面面的力量，做有感召力的愛國者。以海納百川、有容乃大的胸襟，團結一切可以團結的力量。打破門戶之見，遇事多溝通、多交流、多諒解、多補台，在愛國愛港的旗幟下促成最廣泛的團結，在建設更美好的香港這一大目標下匯聚最強大的合力。正如《獅子山下》歌詞中所寫的，「拋棄區分求共對，放開彼此心中矛盾，理想一起去追」。

五是善於履職盡責，做有責任心的愛國者。珍惜在特別行政區擔任公職的機會，以對國家、對香港高度負責的精神，在其位謀其政，專心致志、勤奮工作、恪盡職守。對新選舉制度下產生的管治者，廣大市民期待很高，各方面都很關注，希望他們展現出新氣象新風貌，用自己的實際行動、用工作的實際成效來贏得廣大市民的口碑，不辜負中央的期望。[122]

122　同上。

　　夏寶龍強調，香港管治者不僅要愛國愛港，還要德才兼備、有管治才幹；不僅要想幹事，還要會幹事、能幹事、幹成事。可以認為，他提出治港者的「五大要求」，是針對社會上一些人對愛國者標準疑慮和誤解，擔心會選出「忠誠的廢物」所作的明確回應，也是對有志成為治港者的嚴格要求。要想達到這五項標準，簡言之，就是成為立場堅定、擔當作為、為民愛民、善於團結、有責任心的愛國者。

　　無庸置疑，香港管治者首先要善於在實踐中全面準確落實貫徹「一國兩制」，做立場堅定的愛國者。習近平主席曾經說過，「愛國，是人世間最深層、最持久的情感。」[123] 因此，這一條是最核心的要求，做不到這一點，其他方面再有能力、履歷再好看，也不可能取得中央的信任，不可能得到港人的認可。

　　其次是要善於破解香港發展面臨的各種矛盾問題，做擔當作為的愛國者。一方面，夏寶龍主任為香港提出了「四個期盼」，涵蓋了香港經濟民生、民主法治、融入國家、未來角色四大發展範疇，每一個期盼都緊緊圍繞着港人對美好生活的追求，圍繞港人的切身和根本利益，體現出中央對香港、對港人的關懷愛護，也是對香港提出的重要任務。「四個期盼」既是「遠景」也是「近景」，代表了中央對特區管治者提出明確要求，尤其要樹立市民至上的施政理念，踐行以人民為中心的發展思想，切實化解香港各種問題。但是另一方面，香港目前面臨的住房、就業、醫療、貧富懸殊等突出問題，已到了「非解決不可的地步」。

---

123 同上。

唯有進入管治架構的愛國愛港人士展現出新氣象新風貌，用自己的實際行動和工作實效，以「逢山能開路，遇水能架橋」的魄力，以「急民之所急，解民之所困」的決心，開創出新局面，才能令「四個期盼」變「四個成就」，才能贏得廣大香港市民的口碑，不辜負中央的期望。

其他三個點分別是：善於為民眾辦實事，做為民愛民的愛國者；善於團結方面面力量，做有感召力的愛國者；善於履職盡責，做有責任心的愛國者。其核心在於：「為民」、「團結」、「盡責」。以施政業績取信於民，在愛國愛港旗幟下促成最廣泛的團結，以對國家和香港高度負責任的精神恪盡職守。正如香港《大公報》另一篇社評所說，這些都是放諸四海皆準的古今中外所有從政者都應滿足的基本標準。[124]

「五個善於」就是對管治者立場與能力的最佳檢驗標準。五項標準不僅針對行政長官，也針對立法會議員及其他公職人員。事實上，香港回歸以來，有不少民生事務一直沒有得到好好解決，當中有客觀因素，也有主觀因素。市民對管治者的期待相當高，對香港走向新變化的期望相當高，希望香港自此終結無謂的爭拗，一心一意謀求發展，讓市民真正擁有獲得感、幸福感。選出有管治才能的堅定愛國者，才是香港明天的希望。唯此，香港才能真正實現良治善治。[125]

---

124 〈社評：選出「五個善於」人才 真正實現良政善治〉，《大公報》，2021年8月3日。

125 同上。

第十節　繼續發展「一國兩制」制度實踐

　　實踐證明，「一國兩制」不僅保障了香港的平穩過渡和順利回歸，還為香港回歸後保持原有制度和生活方式不變、為保障居民的權利和自由、為促進經濟社會不斷進步、為有序發展香港的民主建設發揮了堅實的作用。

　　「一國兩制」是個矛盾統一體。它在香港全面準確的落實是中國二十一世紀發展大局中的重要環節，可謂牽一髮而動全身。隨着香港政治發展的不斷深入，香港特區自身的管治工作也更加繁複多面、頭緒多端、矛盾頻發，這是事物發展的必然規律和必經過程。面對這樣錯綜複雜的局面，在處理香港目前亟待解決的各類問題時，唯有全面準確、堅定不移貫徹「一國兩制」方針，在不同利益關切中取得最優平衡，香港管治和「一國兩制」實踐才能取得最好效果，香港的政治規矩才能逐漸得以建立，政治生活才能逐漸轉向有序，政治生態才能逐漸走向健康，「一國兩制」在香港特別行政區的實踐也才更能得到國際社會的認可和讚譽。

　　中共十八大以來，以習近平為核心的黨中央不斷結合香港政治制度的發展特點和香港經濟社會的變化情況，直面香港回歸以來「一國兩制」在香港特區實踐過程中出現的新情況、新問題，一方面堅決貫徹落實「一國兩制」方針政策「不改變、不動搖」；另一方面高度重視全面準確地理解認識和貫徹落實「一國兩制」方針政策的問題，以確保「一國兩制」在香港特區的實踐「不走樣、不變形」，創

新新時代「一國兩制」方針的思想和實踐。

2021 年 12 月 22 日，中共中央總書記、國家主席、中央軍委主席習近平在會見來京述職的香港特別行政區行政長官時總結，一年來，香港由亂到治的局面不斷鞏固，局面不斷向好發展；新冠肺炎疫情防控成效明顯，經濟逐步復甦，社會保持安定。習近平主席指出，在新選舉制度下，香港特別行政區選舉委員會選舉和第七屆立法會選舉先後舉行，都取得了成功。廣大香港同胞當家作主的民主權利得到體現，「愛國者治港」原則得到落實，社會各階層各界別廣泛、均衡參與的政治格局得到確立。實踐證明，新選舉制度符合「一國兩制」原則，符合香港實際，為確保「一國兩制」行穩致遠、確保香港長期繁榮穩定提供了制度支撐，是一套好制度。[126] 習近平主席在全國政協新年茶話會上也談到，「這一年，我們堅持『一國兩制』方針，貫徹落實『愛國者治港』、『愛國者治澳』根本原則，支持港澳發展經濟、改善民生，支持和推動香港由亂轉治、重回正軌，保持澳門繁榮穩定」。[127]

當前，香港已大踏步走出陰霾和混亂，撥亂反正，由亂到治，由治而興，在融入國家發展大局中迎來前所未有的發展機遇。社會各界應進一步凝聚維護國家安全的共識，全面深入實施香港國安法，進一步貫徹「愛國者治港」

---

126 〈習近平會見來京述職的林鄭月娥〉，新華社，2021 年 12 月 22 日。

127 〈習近平：在全國政協新年茶話會上的講話〉，新華社，2021 年 12 月 31 日。

原則，確保香港「一國兩制」實踐行穩致遠。

　　2022 年 1 月 5 日，全國政協副主席、國務院港澳辦主任夏寶龍會見香港特區第七屆立法會部分議員時指出，回歸以來立法會日益偏離憲制地位，成為反中亂港勢力的主要平台，公然挑戰憲法和基本法確立的特區憲制秩序，危害國家安全，衝擊行政主導體制，阻礙施政，為非作歹。夏寶龍指出，中央政府真心實意在香港搞民主，香港民主發展要符合自身實際情況，符合「一國兩制」原則，走香港特色的路，絕不能照搬西方一套，不能在民主幌子下成為顏色革命橋頭堡，須要建立符合「一國兩制」的要求，具有香港特色的民主制度，而香港當務之急是聚焦發展經濟，改善民生，破解長期積壓的深層次問題。[128]

　　《「一國兩制」下香港的民主發展》白皮書指出，香港特別行政區新的民主選舉制度具有鮮明的特點和優越性，具有廣泛代表性、政治包容性、均衡參與性、公平競爭性。顯而易見，完善後的香港特別行政區選舉制度，全面準確貫徹了「一國兩制」方針和基本法，符合香港特別行政區的實際情況。既堅持「一國」原則，又尊重「兩制」差異；既充分體現「愛國者治港」原則要求，修補了選舉制度存在的漏洞和缺陷，又做到了包容開放；既保證廣泛參與，又體現均衡參與；既發展選舉民主，又加強協商民主；既維護了政權安全，又有利於提高治理效能；既有利

128　龔學鳴：〈夏寶龍深圳會見立法會議員 提五點希望〉，《大公報》，2022年 1 月 6 日。

於促進良政善治，又有利於維護和實現香港廣大居民的民主權利。這是香港特別行政區民主制度的優化提升和與時俱進，並為香港特別行政區民主的長遠健康發展打下了堅實的基礎，為實現「雙普選」目標創造了有利條件。[129]

　　我們希望，「一國兩制」制度實踐能夠繼續發展，繼續書寫新的篇章。我們相信，隨着香港國安法深入實施和「愛國者治港」原則全面落實，隨着國家「十四五」規劃實施和粵港澳大灣區戰略加速推進，香港必將迎來更加廣闊的發展前景，必將以自己特殊的經歷融入民族復興的壯麗史詩，必將在民族復興偉大進程中大有可為。

　　正如習近平主席在 2022 年新年賀詞中指出的，「祖國一直牽掛着香港、澳門的繁榮穩定。只有和衷共濟、共同努力，『一國兩制』才能行穩致遠」。習近平主席寄語，「真誠期盼全體中華兒女攜手向前，共創中華民族美好未來」。[130]

---

129 國務院新聞辦公室：《「一國兩制」下香港的民主發展》白皮書，國務院新聞辦公室 2021 年 12 月 20 日。

130 習近平：〈國家主席習近平發表二〇二二年新年賀詞〉，新華社 2021 年 12 月 31 日。

第 二 章

豐富

「一國兩制」

在香港的實踐：

「旋轉門」制度

第一節　導論

政治學上所謂的「旋轉門」（Revolving door）制度，指的是政、商、學界優秀人才在公共部門和私人部門之間流轉任職的一種制度。其基本特徵，是政府官員與社會精英之間的恆常性「跨界流動」。「旋轉門」制度通常是雙向的，包含「轉入」和「轉出」兩個環節。所謂「轉入」，指商、學界的優秀人才，經由制度性管道，而進入政府任職。所謂「轉出」，指政府官員經由制度性管道，進入商、學界工作。這種雙向流轉的制度設計，使得政、商、學界的優秀人才有可能進行頻繁而有序的「跨界流動」。

在這一部分研究的是香港特區行政體系中的「旋轉門」制度。我們希望從一種「制度主義徑路」出發，對香港「旋轉門」制度的原理、歷史、框架、問題及改革等面向作出闡釋。我們認為，在「行政主導」的政治體制中，特區政府可以通過「旋轉門」制度，吸納社會各界的優秀人才，從而有效地平衡乃至整合由於「建制派」與「泛民派」之爭而撕裂的香港社會。

如上一章所述，中共十八大以來，中央根據「一國兩制」制度體系在香港的實踐中出現的新情況、新特點，調整對港方針政策，更新政治論述，強調中央的「全面管治

權」，並制定頒佈香港國安法，完善香港選舉制度，以建立健全特別行政區維護國家安全的法律制度和執行機制、全面落實「愛國者治港」原則，引領「一國兩制」在香港的適應性變革。

在中央的一系列重大舉措的綜合作用下，香港局勢迎來撥亂反正、由亂到治、由治而興的重大轉折，但社會政治生態仍然十分複雜，反中亂港勢力與愛國愛港力量爭奪香港管治權的鬥爭仍然十分激烈。2021 年 1 月，中共中央總書記、國家主席、中央軍委主席習近平在會見進京述職的香港特區行政長官時指出，香港由亂及治的重大轉折，再次昭示了一個深刻道理，那就是要確保「一國兩制」實踐行穩致遠，必須始終堅持「愛國者治港」。[1]

政治委任官員是特區管治架構的重要組成部分，也必須是「愛國者治港」原則的堅定執行者。習近平主席指出，特區政府管治團隊是一個整體，關鍵是要全面落實和進一步完善以行政長官為核心的行政主導體制，要自覺維護管治團隊的團結，堅決維護行政長官的權威。[2] 我們需要重新審視「旋轉門」制度，分析其中的利弊及可以改進的地方，使香港特區行政體系更加健全、政治委任官員更加勝任，堅持「行政主導」體制，確保「一國兩制」行穩致遠。

1　〈習近平聽林鄭月娥述職報告〉，新華社，2021 年 1 月 27 日。

2　〈習近平會見林鄭月娥和香港特別行政區新任行政、立法、司法機構負責人〉，新華社，2017 年 7 月 1 日。

第二節　「旋轉門」制度的基本原理

（一）「旋轉門」制度的起源及基礎

為了理解「旋轉門」制度的基本原理，我們首先必須探討其制度基礎。從歷史上看，「旋轉門」制度最早出現在實行選舉制民主的國家與地區。例如，美國總統委任政府官員，英國首相提名內閣成員，都屬典型的具有「旋轉門」性質的制度實踐。因此，我們必須從理論上回答一個問題：為何「旋轉門」制度起源於選舉制民主？

一般而言，選舉制民主具有兩項基本特徵。

第一，競爭性。在實行選舉制民主的國家或地區，政治派系（如政黨、政治聯盟或利益團體）必須通過贏得選舉，來取得執政地位。為了贏得選舉，各種政治派系會提出彼此競爭的政綱，並以此為基礎，爭取選民的認可與支持。

第二，周期性。選舉制民主的政治周期，在很大程度上是由選舉周期所決定的。周期性的選舉，使政府得以實現制度性的輪替。新政府上台之後，可能會調整和改變往屆政府的政治願景和政策目標，使國家進入新一輪政治周期。例如，美國第 44 任總統奧巴馬（Barack Obama）一直將推行「奧巴馬醫改計劃」（Obama Care）當作一條重要政綱，但他的繼任、第 45 任總統特朗普（Donald Trump）卻致力於廢除這一計劃。

在選舉制民主當中，任何政治派系，即使贏得了執政

地位，在執政過程中依然可能受到反對派的掣肘。試想，如果通過選舉上台的行政首長（如總統、首相），與其餘文官——尤其是高級文官（如部長、大臣）——分屬相互對立的政治派系，他將不可能有效地領導文官隊伍。這樣一來，政府內部很容易產生不可調和的爭議與分歧，繼而無法制定任何可行的政治方案。因此，為了保證施政的平穩有效，行政首長一般會邀請政見相似的優秀人才加入其政治團隊，並視情況加以委任，以組建一支富有政治共識的文官隊伍。這就導致了一個後果：文官系統會隨着政府的換屆選舉，而發生周期性的人員換班。

然而，對文官的政治委任，必須被控制在合理規模之內，否則會造成一系列消極的政治影響。首先，政治委任的規模如果過大，很容易滋生政治腐敗，使政治委任淪為一種錢權交易。例如，美國在歷史上曾長期實行所謂的「政黨分贓制」（spoils system），執政黨通過將文官職位分配給本黨的效忠者，而達到控制行政機構的目的；文官與其所屬政黨共進退，每次選舉結束之後，文官系統都將迎來一次集體換班。由於政府中有大量文官職位可供委任，政黨上台之後，可以通過政治委任，對選舉中的贊助人「論功行賞」，以鞏固本黨的政治基礎；文官就職之後，則會傾向於以權謀私，在任期內盡量攫取利益。在「政黨分贓制」之下，政治委任的標準不是委任對象是否有政治才能，而是他們是否效忠於本黨，尤其是他們是否對選舉作出了貢獻。這導致政治委任淪為了一種純粹的錢權交易，在美國引發了相當嚴重的政治腐敗現象。

　　其次，政治委任的規模如果過大，很容易造成嚴重的政治動盪，繼而影響到政府的有效運轉。不同於前工業化時代的農業社會，現代社會的結構更為複雜，分工更為精細，而界別也更為多元。為了進行有效的社會治理，現代國家逐漸背離了古典自由主義的「守夜人」理念，轉而接受了一種更為積極能動的政府哲學。由此出發，政府所承擔的職能愈來愈多，其規模也愈來愈大。相應地，文官隊伍也逐漸發展壯大，成為一個人員眾多的職業群體（乃至社會界別），在政府各職能部門的日常運轉中發揮着不可或缺的重要作用。如果每次政府換屆之後，文官系統要集體換班，那麼文官隊伍勢必會處於一種極不穩定的流動狀態，無法積累行政經驗和提高行政能力，從而使政府變得效率低下。

　　為了將政治委任控制在合理規模之內，政府需要一個行之有效的判斷標準，以決定哪些文官職位可以被納入政治委任的範疇，而哪些文官職位不應當受到選舉周期的影響。這就催生了所謂的「兩官分途」原則。

　　時至今日，在實行選舉制民主的國家和地區，文官制度普遍會採取「兩官分途」原則。文官被分為兩類，分別被稱為「政務官」（political official）和「事務官」（civil servant）。政務官又稱為「政治官員」或「政治委任官員」（politically appointed official），一般由選舉和任命產生，其主要職責是制定國家和地區的大政方針和發展規劃，並對相應的政策後果擔負責任。政務官實行任期制，其人員構成會隨着政府的換屆選舉，而周期性地發生變動。行政首

長作為首席政務官，可以委任自己的政治團隊中的成員，取代上屆政府的政務官。例如，在英國，每次議會選舉結束之後，下議院多數黨黨魁將成為新任首相。首相有權決定本屆內閣人選，而上屆內閣則隨之解散。相比之下，美國總統對政務官的決定權要稍小一些。《美國憲法》第二條第二款規定，總統可以提名大使、公使及領事，最高法院法官，以及一切其他在憲法中未經明定、但以後將依法律規定而設置的合眾國官員，但具體的任命必須取得參議院的同意。

事務官又稱為「公務員」，一般通過競爭性考試而擇優錄用，其職責是執行政務官所作出的具體決策，而不必對政策後果負責。事務官實行常任制，其任職不受選舉周期的影響，任免、考核、獎懲、升遷、退休等皆有具體的法律作出規定，人員構成比較穩定。此外，政務官產生於選舉和任命，因此不可避免地被打上了「派系性」（partisanship）的烙印。相比之下，事務官強調「政治中立」原則，一般要避免捲入派系紛爭。

「兩官分途」原則精準地體現了現代政府的「二元論」（dualism）權力結構。這種權力結構的理論基礎，是一種關於政府功能的抽象理解。概括而言，政府功能可以被分為兩種：「政治」（politics）與「行政」（administration）。所謂「政治」，就是國家意志的表達；所謂「行政」，則是國家意志的執行。由此出發，行政機構的權力可以被分為政治權力（political power）與行政權力（administrative power）。前者是制定政策的權力，由政治官員行使；後者

則是執行政策的權力，由公務員行使。必須指出的是，政府功能意義上的「行政」，不同於政府機構意義上的「行政」。例如，在《美國憲法》的話語體系中，總統作為一個「行政機構」，一般也被稱為「執行分支」（Executive Branch）；但總統可以通過行使《美國憲法》所賦予的對國會通過法案的否決權，而行使重要的政治權力。[3]

根據「兩官分途」原則，政府換屆所帶來的人事變動，僅僅涉及到政治官員隊伍，而不會擴展到公務員隊伍。這種「分而治之」的制度設計，將政治委任限定在政治官員的範疇之內，既減少了政治腐敗的機會，又降低了政府換屆所帶來的政治動盪。公務員隊伍的人員構成相對穩定，他們可以在積累行政經驗的過程中，不斷提高行政能力，為政府的有效運轉保駕護航。也正因此，在實行選舉制民主的國家和地區，文官制度都體現出一種「雙軌制」的結構性特徵，而每一條「軌道」的順利運行，都有賴於一系列特定的制度設計。本文所研究的「旋轉門」制度，即是一項與政治委任密切相關的重要制度。

（二）「旋轉門」制度的政治功能

在「兩官分途」的制度結構中，行政首長是政治官員的首腦，有權任命其他政治官員。然而，為了避免政治委

3　Frank J. Goodnow, *Politics and Administration: A Study in Government*, London: Routledge, 2017, Chap. 1-2.

任徹底淪為「政治分贓」，行政首長在組建政治官員隊伍時，就不能純粹以政治立場為標準。換言之，行政長官不僅要考慮委任對象是否與自己存在政治共識，還必須考慮他們是否具備足以勝任管治工作的政治才能。

然而，現代社會的產業結構相當複雜，行業分工也日趨精細，因此，政治人才不可能只集中於政界人士或公務員群體，而是會廣泛分佈於各種各樣的社會界別，如工商界和學術界。因此，政治委任制度應當盡可能地拓展委任對象的範疇，使來自社會各界的優秀人才都可能進入政府任職。這種現實的政治需求，催生了以政、商、學界優秀人才的「跨界流動」為基本特徵的「旋轉門」制度。

時至今日，在實行選舉制民主的國家和地區，「旋轉門」制度發揮着愈來愈重要的政治功能。例如，在美國，大多數重要的政治官員職位，如內閣部長，都由總統親自提名，絕少由公務員或議員「轉任」；來自私人部門的社會精英，正是這些職位一個主要來源。據統計，「從 1897 年到 1973 年美國政府中與公司有聯繫的公職人員佔比高達 76%。在政府部門高層領導中存在大量曾在公司和銀行擔任過高管的官員。根據 CRP 數據庫資料，截至 2014 年，美國『旋轉門』人物基本上覆蓋了美國的主要行業」。[4] 相比之下，英國雖然沒有大量政治任命職位，但自 1990 年代以來，公務員系統對政府的支配力逐漸降低，愈來愈多的

4　石培培：〈大數據視角下的美國「旋轉門」關係網——基於 1.6 萬餘名美國公職人員的數據分析〉，《當代世界》，2017 年第 9 期。

社會精英從私人部門進入政府任職，這使得「旋轉門」制度變得日趨強勢。

　　概括而言，一個理想的「旋轉門」制度，應當發揮兩方面的政治功能，分別是「政治吸納」（political incorporation）與「政治問責」（political accountability）。

1. 政治吸納

　　「旋轉門」制度發揮的第一個政治功能，是政治吸納。這一功能的主要載體，是作為「轉入」制度的政治委任制度。為了充分發揮政治吸納功能，政治委任制度應當具備相當程度的開放性。換言之，它不能只開放給特定的社會群體，而要開放給各種社會界別，使廣泛分佈於各行各業的優秀人才，都有可能被制度性地吸納到政治團隊當中。

　　「旋轉門」制度的政治吸納功能，可以產生積極的政治效應。第一，將社會各界的優秀人才吸納到政府中任職，可以有效地增強政府決策的智力支持，豐富執政聯盟的社會構成，擴大政府的認受性基礎。第二，被吸納到政府中的優秀人才，可以在不斷積累政治經驗的過程中，進一步提高自身的政治才能，以為長遠的政制發展提供人才儲備。

2. 政治問責

　　「旋轉門」制度發揮的第二個政治功能，是政治問責。這一功能的主要載體，是與「轉出」制度相關的監管制度。

　　第一，在職監督。政治委任官員可以在其分管的領域內，主導具體政策的制定。如果他們在行使權力時，沒有

充分進行理性論證，或有意從事尋租行為，政策的合理性就無法得到有效保證。此外，政治委任官員還必須謹言慎行，維護自身誠實、公正的外界形象，以增強民眾對政府的信任感。當政治委任官員主導的具體政策出現重大失誤，或其個人言行出現嚴重瑕疵時，他們就必須接受問責，情節嚴重時甚至必須引咎辭職。例如，2014 年 4 月，奧巴馬提名的美國衛生與公共服務部部長凱瑟琳‧西貝利厄斯，因為在推行「奧巴馬醫保」的過程中出現嚴重失誤，而引咎辭職；2017 年 9 月，特朗普提名的美國衛生與公共服務部部長湯姆‧普萊斯，則因為花費公款乘坐昂貴的私人飛機，而引咎辭職。

　　第二，離職規管。「旋轉門」制度的一個重大隱患，就是不同社會界別之間——尤其是規管方和被規管方之間——的人員流動，很容易誘發利益交換和利益輸送關係。這種情況尤其容易發生於政治委任官員離職前後的時間段。一方面，如果政治委任官員希望在離職之後，進入特定產業領域工作，他們在離職之前的一段時間裏，即可能刻意向該產業領域「示好」。另一方面，如果政治委任官員在離職之後，進入私人部門工作，他們很可能動用之前積累的政治資本，影響政策趨勢與規管力度。因此，實行「旋轉門」制度的國家和地區，一般都會對政治委任官員進行一定程度的離職規管。例如，美國的《1978 年政府倫理法》(Ethics in Government Act of 1978) 就規定，文官離職之後，在從事與其在政府任職期間職務有關的商業活動

之前，必須經歷一定的禁止期。[5]

　　「旋轉門」制度的政治問責功能，從根本上鞏固了政府的認受性基礎。第一，要求政治委任官員對自己的政策後果擔負政治責任，有利於提升政策質量，糾正政策失誤，提高政府的管治能力。第二，要求政治委任官員謹言慎行，避免個人利益與公共利益構成衝突，有利於確保施政為民，提高官員質素，維護政府形象，防止「旋轉門」制度成為滋生腐敗的溫床。

5　　Pub. L. 95-521, Title V.

第三節　香港「旋轉門」制度的歷史背景

在港英時代，香港並不存在一個嚴格意義上的「旋轉門」制度。在《英皇制誥》和《皇室訓令》等文件所確立的政治體制下，港督由英國女王委任。他代表女王，是香港的最高權威，集立法權與行政權於一身；只需對女王負責，而不必對公眾負責。[6] 雖然港督可以委任華人出任行政、立法兩局非官守議員，但「兩局」均由港督兼任主席，其定位僅僅是港督的諮詢機構，並不享有實質性的行政權與立法權。因此，「兩局議員」委任制度很難被視為一種規範意義上的「旋轉門」制度。

從歷史視角出發，香港的「旋轉門」制度，是特區政府為了應對回歸初期的管治危機，以及香港的新政治秩序，而作出的制度創新。

（一）香港回歸前後的政治安排

要想理解香港「旋轉門」制度的歷史起源，我們必須認識香港回歸前後的歷史背景。在回歸前，香港面臨的首

6　正如有學者所言，「港督的法定權力可以達到這樣的程度：如果他願意行使其全部權力的話，他可以使自己成為一名小小的獨裁者」。這種以港督為中心的政治體制，為香港奠定了「行政主導」的政治傳統。參見［英］諾曼‧J. 邁因納斯著，任秀珊等譯：《香港的政府與政治》，上海：上海翻譯出版社，1986 年，第 94 頁。可參照金耀基：〈行政吸納政治：香港的政治模式〉（1975），《中國政治與文化》（增訂版），香港：牛津大學出版社，2013 年，頁 229－254。

要問題是如何繼續保持繁榮穩定。1984 年，中英兩國就香港問題達成協議後不久，鄧小平在會見港澳同胞國慶觀禮團時即表示：「我們有了一個共同的大前提，一個共同的目標，就是愛祖國，愛香港，在今後十三年和十三年以後保持香港的繁榮和穩定。」[7] 因此，中央在確定第一屆行政長官人選時，必須從香港的實際情況出發，考慮相關安排。

在香港回歸祖國前的過渡期內，各方普遍將工商界與公務員隊伍視為未來特區管治所依靠的兩個主要力量。

一方面，香港是一個商業大都市，工商界的信心對於繁榮穩定的重要性不言而喻。在有意角逐第一屆行政長官的人士中，出身於工商界的董建華亦為各方所普遍接受。在多種因素的綜合作用之下，董建華當選為香港特區第一屆行政長官。

另一方面，在港英時代，香港管治的主要力量是公務員隊伍。尤其是從二十世紀五十年代起，在公務員當地化政策的影響下，加入公務員隊伍成為香港華人參政的主要途徑，而本地政治人才亦大多集中於公務員隊伍當中。因此，回歸之時，為了維護公務員士氣，保證平穩過渡，原有的司、局、署等架構基本沒有發生改變，大部分司、局長留任並繼續由公務員擔任。

這一安排亦體現到了基本法關於「公務人員」的條款當中。基本法第 100 條規定，「香港特別行政區成立前在香

7　鄧小平：〈保持香港的繁榮和穩定〉（一九八四年十月三日），《鄧小平文選》（第三卷），北京：人民出版社，1993 年，頁 72－76。

港政府各部門，包括警察部門任職的公務人員均可留用，其年資予以保留，薪金、津貼、福利待遇和服務條件不低於原來的標準」。基本法第 103 條規定，「公務人員應根據其本人的資格、經驗和才能予以任用和提升，香港原有關於公務人員的招聘、僱用、考核、紀律、培訓和管理的制度，包括負責公務人員的任用、薪金、服務條件的專門機構，除有關給予外籍人員特權待遇的規定外，予以保留」。

綜觀第一屆特區政府的管治團隊，行政長官由工商界人士董建華出任，而行政長官以下、由主要官員構成的最高決策層，除律政司司長梁愛詩和工務局局長鄺漢生外，其他的司、局長全部出身於公務員隊伍的政務職系。尤其是作為特區政府「二把手」、在當時被視為「公務員之首」的政務司司長一職，由被視為公務員「精神領袖」的陳方安生出任。這一政治安排的主要目的，自然是希望工商界人士與公務員隊伍能夠形成一個強有力的「管治聯盟」，確保香港的平穩過渡，使香港回歸祖國後依然能繼續保持繁榮穩定。

（二）「公務員治港」的歷史起源

為了理解這一過渡安排，我們有必要對公務員隊伍在港英政府中的重要位置有一個基本認識。概括而言，港英政府的公務員，尤其是高級公務員，一般都具有二重身份。從制度形式上講，港英政府的公務員採取的是事務類公務員的架構，實行常任制，其招聘、僱用、考核、紀

律、培訓和管理等皆有章可循。然而，從制度功能上講，港英政府的高級公務員，尤其是政務職系（Administrative Officers，簡稱 AOs），是決策層的一部分，因此又被定位為「政治官員」。[8]

港英政府公務員的這種獨特身份，本質上是「行政吸納政治」的管治策略的產物。華人學者金耀基指出，英國於 1842 年佔領香港時，香港尚是一個沒有士紳的鄉村社會，但到十九世紀末，香港已逐漸發展出一個有活力的、以中國人為主體的都市社會。為了彼此互助和發展，中國人在港英管治之下建立起不同種類的極具影響力的社會組織，如東華三院、保良局及街坊會，並逐漸形成一種與港英政府的「正式權力體系」並行存在的「非正式權力體系」。[9]

隨着香港華人社會的發展壯大，港英政府的統治地位亦受到衝擊。例如，1966 年，天星輪渡漲價，引發香港華人大規模抗議；1967 年，受內地革命風潮影響，香港左派發起了轟轟烈烈的「反英抗暴」運動。在殘酷鎮壓了 1967 年反英抗暴運動以後，港英政府開始制度性地將華人社會的「非正式權力體系」吸納及整合到港英政府的「正式權力體系」當中，以避免羽翼日益豐滿的華人社會出現反殖民力量，從而維護殖民統治的穩定。為此，港英政府改變

8　王永平：〈沒有 AO，就沒有問責制──AO 系列之一〉，《信報財經月刊》，2009 年 10 期。

9　金耀基：〈行政吸納政治：香港的政治模式〉（1975），《中國政治與文化》（增訂版），頁 244–245。

了由英國人壟斷政府職務的舊式管治策略，發展出「行政吸納政治」的新式管治策略。[10]

　　根據金耀基的論述，「『行政吸納政治』是指一個過程，在這個過程中，政府把社會中精英或精英團體（elite group）所代表的政治力量，吸收進行政決策結構，因而獲致某一層次的『精英整合』（elite integration），此一過程，賦予了統治權力以合法性，從而，一個鬆弛的、但整合的政治社會得以建立起來」。[11] 在這一管治策略之下，從 1970 年代開始，英國殖民者一方面嚴厲鎮壓華人社會的抗爭運動，以免反殖民力量發展壯大；另一方面又加速推行公務員當地化政策，力圖通過行政體系吸納華人精英的政治參與，以實現一種「草尖式」（grass tops）的「精英整合」。

　　在「行政吸納政治」管治策略之下，對於港英時代的華人精英而言，擔任公務員是一條最主要的從政途徑。也正因此，從 1970 年代以後，香港公務員隊伍得以迅速發展壯大，並培養出一批熟悉本地政治運作、積累了一定政治資本的高級公務員。金耀基認為，在回歸之前，港英政府的行政結構相當龐大複雜，增長速率亦頗為驚人，「在一九四九年，還只有 17,500 人；一九五九年，增至 45,000 人；一九七一年，再增至 81,500 人；到了一九八二年，則

10　同上，頁 246－248。

11　同上，頁 235。相關批評，可參見吳增定：〈行政的歸行政，政治的歸政治〉，《二十一世紀》，2002 年第 12 期；強世功：《中國香港：政治與文化的視野》，北京：生活・讀書・新知三聯書店，2014 年。

已達 139,300 人之數」。[12]

　　所謂「行政吸納政治」，其實是一種「去政治化的政治」。港英政府強調，公務員隊伍應恪守「政治中立」的原則。然而，從制度起源上講，公務員當地化政策的初衷是維護殖民管治，因此具有高度「政治化」的本質。這種「去政治化的政治」，進一步強化了香港「行政主導」的政治傳統。

　　在港英政府的公務員體系中，政務職系的體制內地位與精英化程度最高，是高級公務員的主要來源。[13] 特區政府的很多高級官員，如前任行政長官曾蔭權、行政長官林鄭月娥、政務司司長張建宗等，以及很多高級公務員，如各決策局常任秘書長、署長等，都出身於政務職系。因此，有香港人將公務員隊伍稱為「公務員黨」，將「港人治港」稱為「公務員治港」乃至「AO 治港」——AO 即「政務官」（Administrative Officer）的英文縮寫。「政務官」這一名稱，巧妙地體現了該職系的二重身份——AO 採取的是事務類公務員的架構，但同時又要參與政策制定，因此被冠以「政務」之名。

　　公務員薪俸及服務條件常務委員會在 1979 年呈交總督的《公務員薪俸檢討報告書》中有一段論述，簡明扼要地

12　金耀基：〈行政吸納政治：香港的政治模式〉（1975），《中國政治與文化》（增訂版），頁 242。

13　一直以來，政務官都屬大學畢業生的理想工作。尤其在回歸之前，每年的上萬名考生中，只有二三十人可被錄用，因此一度被稱為「天子門生」。參見劉兆佳：《回歸十五年以來香港特區管治及新政權建設》，香港：商務印書館，2012 年，頁 122－127。

說明了政務職系在港英政府中的重要性：

> 　政務職系為政府整個結構最重要的一部分。各階層的
> 政務主任均須參與公共政策的制訂、調協及監察工作。同
> 時，由於香港地位特殊，此等人員亦須具備良好的政治及
> 實際判斷力，布政司署內的政務司（即現在的民政事務局
> 局長）及首長級職位，多由政務主任擔任。[14]

　　在港英時代，港督領導的公務員隊伍是香港管治的主
要力量。金耀基認為，「香港的真正的統治權是落在一個龐
大的現代化的文官系統手中的。從比較的尺度來說，香港
的行政體系是有很高的法治精神和專業水準的」。[15]劉兆佳
則進一步指出，在港英時代，「人數不多的政務官乃所謂
『天子門生』，他們作為一個有共同價值觀、管理理念、豐
富行政經驗和高度團結的隊伍，在英國人的領導下，負起
政府治理香港的重任」。[16]

　　有鑑於此，在回歸前後，中央與香港社會都將維護公
務員士氣，視為保證平穩過渡的一個重要條件。此外，香
港公務員隊伍本身的高質素與專業化，使其被普遍視為特
區政治人才的一個主要來源。一位香港政界人士回憶，回

14　轉引自王永平：〈沒有 AO，就沒有問責制──AO 系列之一〉，《信報財經
　　月刊》，2009 年 10 期。

15　金耀基：〈行政吸納政治：香港的政治模式〉（1975），《中國政治與文化》
　　（增訂版），第 242 頁。

16　劉兆佳：《回歸十五年以來香港特區管治及新政權建設》，頁 122。

歸之前，「在中方眼中，公務員穩定及整個政府平穩過渡高於一切，甚至比任何政治人物更重要，每次我去北京，他們都問我關於公務員的問題」。[17]

在基本法制定過程中，公務員士氣問題得到高度重視。基本法確立的特區政治架構大體保留了香港原有的公務員制度，尤其是以培養「管理通才」為宗旨的政務職系。根據香港特區公務員事務局對政務職系的定義，「政務職系人員是專業的管理通才，在香港特別行政區政府擔當重要角色。他們會定期被派往各決策局和部門擔任不同職位，平均每兩至三年調職一次。透過定期的職位調派，政務主任可以接觸不同層面，汲取各方面經驗，發展多方面才能和從事多樣化的工作」。[18] 時至今日，特區政府公務員隊伍依然是香港管治的主要力量之一，其規模十分可觀。據香港公務員事務局統計，截至 2020 年第二季度結束，特區政府共有 188,729 個公務員職位編制，實際有 177,327 個公務員。

（三）「公務員治港」面臨困難

然而，香港回歸不久，上述政制架構與人事安排就暴露出嚴重問題，並引發了嚴重的管治危機，主要表現為：

17　李鵬飛：《風雨三十年——李鵬飛回憶錄》，香港：CUP 出版，2004 年，頁 85。

18　https://sc.csb.gov.hk/gate/gb/www.csb.gov.hk/tc_chi/grade/ao/425.html。

行政長官與公務員隊伍之間難以默契配合，乃至被公務員隊伍「架空」，由此導致特區政府施政困難。

在第一屆特區政府中，行政長官董建華出身於工商界，缺乏從政經驗，亦不熟悉特區政府的日常運作。此外，董建華相當於「孤身」進入特區政府，尚未招募到自己的管治團隊。相反，在回歸初期的政制架構中，政務司司長陳方安生可以統領整個公務員隊伍。陳方安生作為港英政府首位華人布政司，經過多年公務員歷練，具有精明的政治手腕，在回歸後還獲得泛民主派支持，被擁戴為保證香港「高度自治」的「香港良心」。在此背景下，權力爭奪在所難免。

在回歸初期的一系列政治風波中，董建華與陳方安生二人都立場有別、貌合神離，而「董陳配」亦合作不暢、難以維繫。例如，董建華支持全面落實母語教學，但在陳方安生力爭之下，最後有 100 所中學獲准維持英文教學資格。有評論認為，「董陳配」導致特區政府高層出現「兩個司令部」，權責不清，政出多門，相互抵牾，難以統一。行政長官發起和支持的多項政策都難以落實，特區政府亦因此面臨施政困難。隨後，陳方安生上北京述職，返港後即以私人理由請辭，提早於 2001 年 4 月 30 日退休，結束了長達三十八年的公職生涯。

然而，特區政府施政困難的問題，並沒有隨陳方安生辭職而得到妥善解決。董建華擔任第二屆行政長官期間，香港的管治問題愈發嚴重，直到 2003 年迎來一次「總爆發」。2003 年 7 月 1 日，在一些民主派人士推動下，加之

經濟下行與「非典」疫情的影響，香港爆發回歸以來最大規模抗議遊行，主要以反對「23 條立法」為藉口；參與者不僅有民主派人士，亦包括部分工商及專業界人士、普通市民乃至公務員；董建華的民望亦隨之下跌。

事實上，「董陳配」難以維繫，部分原因當然是董建華與陳方安生在施政理念、政治經驗及行事風格等方面的巨大差異，但更主要原因則是香港回歸初期的政制架構本身蘊含的結構性難題。基本法規定，行政長官是「香港特別行政區政府的首長」，其職權之一就是「領導香港特別行政區政府」。因此，從憲制結構上講，公務員隊伍應當接受行政長官領導。然而，香港承接了英國文官制度的傳統，公務員奉行「政治中立」原則。在主要官員大多由公務員出任，而特區政府又沒有對「政治中立」原則作出進一步解釋的情況下，很多公務員簡單地認為，「政治中立」指公務員不應受政治的影響和干預。換言之，公務員如與行政長官意見相左，應當堅持己見，拒絕妥協，方是「政治中立」。這導致行政長官與主要官員及公務員隊伍之間的結構性關係很難理順，權責不清，政出多門。更有甚者，行政長官很容易被公務員隊伍「架空」，其令不行，而其禁不止。

在此背景下，香港社會有人提出，「董陳配」問題的根源，在於行政長官不熟悉公務員運作，無法駕馭公務員隊伍，導致政府空轉，無法有效運行，因此香港應該回到「公務員治港」的傳統。然而，由於香港社會、政治環境的變化，香港公務員在回歸前後面臨完全不同的政治、經濟及

社會環境，導致這一政策建議並不具備可行性。究其原因
有五。

第一，回歸之前，港英政府高度專制，香港的重大決
策都在倫敦，公務員僅僅負責執行，因此公務員的執行能
力強，但缺乏決策能力、規劃能力和組織協調能力。香港
回歸以後，中央授權香港實行高度自治，但公務員隊伍作
為香港管治的主要力量，卻難以勝任新政治秩序下複雜的
政治工作，由此導致在新機場運作混亂和「公屋短樁」等
一系列公共事件上，特區政府的處理方式都引發了公眾的
強烈不滿。

第二，港英時代的公務員，尤其是政務職系，往往以
培養「管理通才」為宗旨。但回歸以後，隨着香港社會進
一步發展，特區政府面臨的管治問題變得愈來愈複雜化、
精細化和專業化，這使得公務員隊伍很難實現「管理通
才」的自我期許，難以為政治委任官員提供充足的人才儲
備。正如劉兆佳所說，「在急劇變化的政治、社會和經濟
環境中，在全新的中央與地方關係以及在回歸後各種危機接
踵而來的情況下，公務員的知識、歷練、人脈關係和政治
能力對應付局面顯然力不從心，減少了港人對公務員的敬
意」。[19]

第三，在港英政府的專制統治下，公務員的決策失誤
無人批評，由此形成了「公務員治港」的神話。香港回歸

19　劉兆佳：《香港社會的民主與管治》，北京：中信出版社，2016 年，頁
　　166。

以後，特區政府面臨立法會、法院、政黨和傳媒的掣肘和監督，而特區公務員由於缺乏政治訓練，無法有效應對選民、傳媒和大眾的要求。

第四，港英時代培養起來的公務員習慣於「政府集體負責，個人毋需問責」的「集體負責制」，不願承擔政治責任。然而，基本法雖然沒有對問責制度作出明確規定，但多次出現「負責」一詞，體現了強烈的問責精神。例如，第 43 條規定，「香港特別行政區行政長官依照本法的規定對中央人民政府和香港特別行政區負責」；第 64 條規定，「香港特別行政區政府必須遵守法律，對香港特別行政區立法會負責」；第 99 條規定，「公務人員必須盡忠職守，對香港特別行政區政府負責」。特區政府原公務員事務局局長王永平曾撰文指出，受基本法體現的問責精神的影響，「香港市民第一次認為『港人治港』的行政長官及主要官員應該為政策的後果承擔責任，因而愈來愈不接受殖民地時代的『政府可以有錯，但個別公務員只要奉公盡責便沒錯』的公務員定律」。[20] 因此，公眾迫切要求特區政府建立一種新的「個人問責制」取代之前的「集體負責制」，使主要官員能夠為其政策後果負責。

第五，由於公務員是終身制，而行政長官卻有任期，公務員施政失誤的政治後果最後要由行政長官來承擔，由此導致的權責不清問題，不利於「行政主導」政治體制的

20　王永平：〈沒有 AO，就沒有問責制——AO 系列之一〉，《信報財經月刊》，2009 年 10 期。

有效運轉，長此以往，將阻礙「一國兩制」的事業發展和香港特區的長治久安。

　　總而言之，「公務員治港」僅僅是特定歷史時期的產物，並不是香港管治的唯一選擇。在香港回歸後的新政治秩序下，「公務員治港」已走到盡頭，成為不可複製的歷史。對此，劉兆佳一針見血地指出：「現時的癥結是：高級公務員無法兼顧政治和行政角色。公務員的文化、過往的培訓和心態，都不適合政治工作。但回歸以後，由於社會形態的改變，香港需要高官肩負政治領導的角色。」[21]

21　「香港將實施回歸後最大改革——解讀高官問責制玄機」，http://news.
　　sohu.com/19/13/news201891319.shtml。

第四節　香港「旋轉門」制度的發展脈絡

（一）「旋轉門」制度的建立：「主要官員問責制」

由於「公務員治港」已走到盡頭，香港社會有人提出，為解決管治危機，香港應實行政治委任制度，設立政治任命官員，理順行政長官和主要官員及公務員隊伍之間的結構性關係，以免行政長官無法統率公務員隊伍甚至被公務員隊伍所「架空」。時任行政長官董建華接受了這一建議。

在 2000 年的《施政報告》中，時任行政長官董建華承諾，要研究在行政長官領導下，如何加強有關主要官員在不同政策範疇承擔的責任。[22] 在 2001 年的《施政報告》中，董建華講述了特區政府的初步構想，即在特區政府引入一套新的「主要官員聘用制度」，適用於三位司長和大部分決策局局長。[23] 2002 年 4 月 17 日，董建華出席立法會，介紹「主要官員問責制」（以下簡稱「問責制」）的基本框架和制度細節。[24]

第一，將特區政府最高層的官員，包括政務司司長、財政司司長和律政司司長，以及所有決策局局長，全部列

---

22 「董建華發表第四份施政報告（全文）」，http://www.china.com.cn/zhuanti2005/txt/2002-01/18/content_5098793.htm。

23 「董建華發表 2001 年施政報告（全文）」，http://www.china.com.cn/zhuanti2005/txt/2001-10/11/content_5065231.htm.。

24 「董建華介紹香港政府高官問責制方案（全文）」，http://www.chinanews.com/2002-04-18/26/179224.html。

入「問責制」範圍。這些官員將不會是公務員，而是以合約方式聘用的問責主要官員，年期為五年，但不超逾提名他們的行政長官的任期。在任期之內，他們各自負責由行政長官指定的政策範疇，統領所轄部門的工作，並且為其政策的成敗直接向行政長官負責。行政長官有需要時可以終止他們的合約。[25]

第二，所有列入「問責制」的主要官員都進入行政會議，以強化行政會議的工作。他們直接參與制定特區政府的整體政策，決定政策推行的優先次序，協調跨部門的工作事項。

第三，在公務員體制中，原先由局長擔任的公務員職級和薪酬福利待遇保持不變，職稱改為常任秘書長，扮演問責制局長與公務員系統之間的重要樞紐角色。他們在問

25　曾蔭權上任後，改變了這一做法。在 2005 年的《施政報告》中，時任行政長官曾蔭權表示：「為了配合我對政治領導工作的專注，提高制度運作的效率，我授權政務司司長和財政司司長在政策統籌和協調上擔當重要角色，確保政府各項政策能夠密切配合，公共資源能夠更有效運用，避免政出多門或政策決而不行、行而不果，更好地兌現政府服務市民的承諾，和提升市民對政府的信任。」（「香港行政長官曾蔭權發表任內首份施政報告（全文）」，http://www.cnr.cn/news/200510/t20051012_504114584.shtml.）特區政府於 2006 年發佈的《進一步發展政治委任制度諮詢文件》對此作出了解釋：「過去幾年的經驗證明，要求 14 位政治任命的主要官員直接向行政長官匯報工作，令行政長官須直接管轄的範圍過寬。因此，行政長官在二零零五年十月發表他的首份施政報告時宣佈一系列措施，進一步加強政務司司長和財政司司長的協調職能，以便行政長官能專注於須親自處理的重要事宜。這些措施包括要求 11 位局長就政府的日常運作向政務司司長和財政司司長匯報，並加強由兩位司長聯合主持的政策委員會作為政策協調和初步審批的平台的功能。透過政策委員會的會議，兩位司長確保政府政策經過詳細考慮，公共資源運用得宜，跨局議題獲得更佳協調。」（1.13）

責制局長統領下，向問責制局長負責，協助制定和執行政策。

「問責制」由 2002 年 7 月 1 日起實施。為了配合「問責制」實施，特區政府出台了《問責制主要官員守則》。同年，特區政府還決定把行政長官辦公室主任一職也列為政治任命職位，由特首任命，向特首負責，也須遵守《問責制主要官員守則》，薪酬向局長看齊。

董建華主導的問責制改革的一項最主要舉措，是明確規定，公務員在「轉任」主要官員之前，必須先脫離公務員隊伍。換言之，主要官員不再由公務員出任。這一舉措的主要意圖，是解決兩方面問題。

第一，明確了行政長官與主要官員之間領導與被領導的結構性關係，增強了特區政府決策層的體系性和一致性，有利於緩解行政長官被公務員隊伍「架空」的問題，提高特區政府的管治能力。在此之前，以陳方安生為首的公務員隊伍，屢屢以公務員需恪守「政治中立」原則為由，拒絕支援及配合行政長官施政。「問責制」實施以後，公務員必須先脫離公務員隊伍，才能出任主要官員。由此，政治權力與行政權力得到了明確區分——行政長官與主要官員組成的政治團隊行使政治權力，公務員隊伍行使行政權力。司、局長的職務性質得到了明確：作為純粹的政治官員，他們不必遵守公務員的「政治中立」原則，而是由行政長官直接領導，對行政長官負責，並受公眾監督。換言之，主要官員不能再以「政治中立」為由，杯葛行政長官施政。

　　第二，確立了主要官員的「個人問責制」，增強了特區
政府的政治問責能力，有利於提高特區政府的認受性。在
此之前，特區政府的主要官員大多由公務員出任，而公務
員則實行「集體問責制」，個人不必就施政後果承擔責任。
在介紹「問責制」方案時，董建華表示，「我們所以要推行
『問責制』，是要使到特區政府的主要官員，能夠為他們的
施政承擔起責任；使到特區政府的領導層理念一致，方向
明確；民情在心，民意在握，同廣大市民、立法會、社會
各界團體有密切的聯繫和溝通；使到施政的優先次序更明
確，政策更加全面協調，為市民和社會提供更優質的公共
服務」。[26] 隨着「問責制」付諸實踐，主要官員開始脫離「政
府集體負責，個人毋需問責」的公務員傳統，就自身的施
政後果承擔相應責任。

（二）「旋轉門」制度的擴大：「政治委任制度」

　　「問責制」極大地完善了基本法所蘊含的「旋轉門」制
度框架。然而，為了適應香港政制發展的需要，這一制度
框架還有待進一步擴大。

　　根據基本法第 48 條，行政長官負責提名的主要官員包
括：各司司長、副司長，各局局長，廉政專員，審計署署
長，警務處處長，入境事務處處長，海關關長。「問責制」

26　「董建華介紹香港政府高官問責制方案（全文）」，http://www.chinanews.
com/2002-04-18/26/179224.html。

下的主要官員，則被進一步局限在各司、局長。這些職位的數量有限，「准入門檻」很高，只可能開放給已經享有很高社會地位的高級人才。如果政治委任官員的範疇只能局限於主要官員，無疑會使「旋轉門」制度的政治吸納能力受到極大限制，繼而對香港的政制發展構成挑戰。

首先，主要官員依然缺乏足夠的支援配合。回歸以來，特區政府的事務數量增長迅速，複雜程度亦與日俱增，這導致主要官員的工作負擔很重。為了確保其政策可以被順利落實，主要官員必須與民眾、媒體、立法會議員和政黨保持密切聯繫，盡可能使政策獲得廣泛的支持。然而，當時的主要官員只有十四人，即使有公務員隊伍的支援配合，也根本不足以應付這項複雜的工作。此外，當時的政治層級過於單薄，在對主要官員的制度性支援配合上，還有很多亟待完善之處。例如，主要官員並無副手在他們不在香港期間協助他們處理立法會的事務。[27] 這一現象如果長期得不到改善，必然會削弱特區政府的管治能力和認受性基礎。因此，特區政府應當擴大政治吸納的範疇，以增強對主要官員的工作支援。

其次，大量有志從政人士依然缺乏進入政府工作的制度性管道。香港如果要逐步實現普選行政長官的政治目標，就必須在不同的政治層級培育一批政治人才。然而，由於主要官員的數量有限，對於有志從政人士而言，主要

27　《進一步發展政治委任制度諮詢文件》（2006），2.02 (a)。

從政途徑依然是透過參選進身區議會和立法會。[28] 這種過於單一的從政途徑，從長遠來看並不利於本地政治人才的培養。因此，特區政府應當擴大政治吸納的範疇，以完善對政治人才的培養機制。

不過，基本法並未禁止特區政府設立新的政治任命職位，這就為「旋轉門」制度的進一步擴大預留了空間。在2005年《施政報告》中，時任行政長官曾蔭權表示，「問責制」對香港的有效管治有利，亦切合香港的政制發展趨勢，但依然有待進一步鞏固完善。他指出，「當前最迫切需要的，是加強對政治委任官員的支援，讓他們可以更有效地制定和推行政策，積極與社會各方面溝通接觸，尋求公眾對政策的支持。因此，我們考慮在行政機關內設立少量專注於政治事務的新職位，以支援行政長官和主要官員的政治工作。這樣可提供新管道，讓有志從政的社會人士加入政府，實踐理想，亦可讓有志從政的公務員脫離公僕行列，投身政治事務」。[29]

2006年7月，特區政府發佈《進一步發展政治委任制度諮詢文件》，詳細闡述了增設的新職位及其方案。2007年7月，特區政府發佈《進一步發展政治委任制度報告書》（以下簡稱《報告書》）。《報告書》建議，每個決策局（公務員事務局除外）增設兩個政治任命職位，分別是副局長

28　同上，2.02 (c)。

29　「香港行政長官曾蔭權發表任內首份施政報告（全文）」，http://www.cnr.cn/news/200510/t20051012_504114584.shtml。

和局長政治助理，其任免皆由行政長官在聘任委員會的建議下作出，並須就各自範疇內事宜的成敗承擔政治責任。[30]

副局長主要負責協助主要官員處理各方面的政治工作，並在主要官員暫時缺席期間代理其職責。他們是局長的下屬，按照局長的指示工作。具體而言，他們負責協助局長處理兩方面的工作。

第一，領導及策略。（1）協助局長訂定政策目標和優先次序、制定政策和立法建議以達致所定的政策目標和優先次序、制定推出這些政策和法例的時間表，以及訂定整體策略以取得公眾對這些措施的支持；（2）就一些需要政治意見的跨局事宜，與相關的局／部門進行協調，以確保達致政府政策所定的目標及優先次序。[31]

第二，立法會事務及政治聯繫。（1）處理與立法會相關的事務並加強與立法會的工作關係；（2）出席公眾論壇及其他場合，就政治團隊所提出的建議及決定解釋和辯護，並回應立法會議員、有關團體／人士和公眾人士的提問；（3）與傳媒保持密切聯繫，以助傳媒知悉政府的政策思維；（4）與其他有關團體／人士，例如區議會、政黨／政團、社區組織，以及工商、專業及其他組織保持溝通，並評估公眾情緒，以及建立廣大市民對政府政策及決定的支持。[32]

30　《進一步發展政治委任制度報告書》（2007），4.03－4.05。

31　同上，4.12－4.14。

32　同上。

　　局長助理透過副局長，向局長負責。具體而言，他們負責向局長和副局長提供兩方面的支援。

　　第一，策略及政治意見。（1）從政治角度為局長和副局長提供意見以供考慮；（2）協助制定政策及立法建議，以及為訂定整體策略從政治觀點給予意見；（3）就提交予立法會的文件和其他出版文件提供意見，點出當中他們認為有政治影響的地方，以及在局長和副局長的指示下處理具政治敏感成分之處；（4）根據局長及副局長的指示，擬備演辭、傳媒發言和其他文章。[33]

　　第二，政治聯繫。（1）為局長和副局長就處理政黨／政團發出的邀請及函件提供意見；（2）就立法會事務向政黨／政團作出游說的需要，不時作出評估，並按此向局長及副局長提供意見；（3）在局長及副局長的指示下，進行與來自政黨／政團、區議會、社區組織，以及工商、專業及其他組織的成員的聯繫工作，向他們介紹局長轄下範疇的事宜，聽取他們就關注事宜的意見，以及爭取他們支持政府的有關政策；（4）在局長和副局長的指示下，進行與傳媒的聯繫工作，傳達政府在有關政策及事宜上的立場；（5）留意有關關注團體及社會大眾就政策事宜的意見，並評估政治影響。[34]

　　此外，《報告書》還建議，在政務司司長和財政司司長屬下，各開設一個政治助理職位，其職級與職責等同於局

33　同上，4.15－4.16。

34　同上。

長政治助理，以加強對二位司長的支援配合。司長政治助理的任免同樣由行政長官在聘任委員會的建議下作出，並須就各自範疇內事宜的成敗承擔政治責任。[35]

2007 年 12 月，香港立法會通過了新的「政治委任制度」（以下簡稱「委任制」）。2008 年 6 月開始，首批副局長和政治助理陸續上任。至此，香港的「旋轉門」制度基本成型。

在政府不同層級開設政治任命職位，極大地拓寬了特區政府的政治吸納範疇，增強了其政治吸納能力。一方面，主要官員得到了更有力的支援配合，可以更從容地應付管治與政治工作的需要，有利於提高特區政府的管治能力，鞏固其認受性基礎。另一方面，除進入區議會或立法會之外，有志從政人士又獲得了一條可供選擇的從政途徑，從長遠來看有利於完善本地政治人才的培養機制。有志從政人士可選擇加入政府，出任較初級的政治任命官員職位，以取得政治經驗。如他們有意參加區議會或立法會選舉，或在他們政治生涯的較後階段重返政府出任較高級的政治任命職位，則擔任上述經歷亦會對他們有利。[36]

（三）「旋轉門」制度符合基本法

中華人民共和國憲法和香港特別行政區基本法共同構

35　同上，6.01－6.05。

36　《進一步發展政治委任制度諮詢文件》（2006），2.02 (c)。

成香港特別行政區的憲制基礎。因此，我們有必要討論「旋轉門」制度與基本法之間的關係。換言之，基本法能否為香港的「旋轉門」制度提供憲制基礎？

　　基本法第 48 條規定，行政長官的職權之一，就是「提名並報請中央人民政府任命下列主要官員：各司司長、副司長，各局局長，廉政專員，審計署署長，警務處處長，入境事務處處長，海關關長；建議中央人民政府免除上述官員職務」。這一條款通過賦予行政長官提名主要官員的職權，使行政長官可以在徵得中央同意的基礎上，組建本屆政府的管治團隊，在事實上確立了香港「旋轉門」制度的基本框架。[37]

　　首先，這一條款包含了「轉入」制度的基本要素。行政長官可以從廣泛分佈於社會各界的優秀人才當中，挑選與自己政見相似者，提名其為主要官員，並報請中央政府加以任命。從規範意義上講，這一制度設計，已經具備了相當程度的開放性——它針對的不只是公務員隊伍，而是所有社會界別。自此，來自工商界、專業界、學術界等社會界別的政治人才，獲得了「轉入」政府任職的制度性管道，由此從根本上增強了政府的政治吸納能力。

　　其次，這一條款還隱含了「轉出」制度的基本要素。

37　事實上，在香港的政治話語中，存在兩種「主要官員」。一種是基本法第 48 條所規定的「主要官員」，另一種是《政治委任制度官員守則》所列明的「主要官員」。後者只包含司、局長，而不包含廉政專員、審計署署長、警務處處長、入境事務處處長和海關關長。在本文中，如無特別說明，「主要官員」皆採納《政治委任制度官員守則》的定義，只包含司、局長。

首先，行政長官可以建議中央免除主要官員職務，這一制度設計隱含了對主要官員的問責。當一位主要官員負責的具體政策出現重大失誤，或其個人言行出現嚴重瑕疵時，行政長官可以建議中央免除其職務，使其「轉出」政府，承擔相應政治責任。其次，主要官員可能由於與行政長官政見不合，而主動請辭，「轉出」政府。最後，每一屆行政長官都可以提名本屆政府的主要官員隊伍，因此每一屆主要官員都必須與本屆行政長官共進退。基本法第 46 條規定，香港特別行政區行政長官任期五年，可連任一次。當行政長官任期屆滿，本屆主要官員就會隨之「轉出」政府，並可能「轉回」之前的職業領域。

由此可見，雖然主流觀點認為香港的「旋轉門」制度肇始於 2002 年的「問責制」而成型於 2007 年的「委任制」，但早在基本法當中，「旋轉門」制度的基本框架已初具雛形。由此，我們可以更深刻地體會到基本法「超前立法」的立法技藝和深思熟慮的頂層設計。

第五節　香港「旋轉門」制度的基本框架

（一）政治委任官員的範疇與職責

隨着「問責制」被擴展為「委任制」，《問責制主要官員守則》也被修訂為《政治委任制度官員守則》。根據《政治委任制度官員守則》，特區政府的政治委任官員主要由以下四類人士構成。

第一，「委任制」下的主要官員，即司、局長。司、局長由特首提名並報請中央政府任命。截至撰稿時，在特區政府當前的「三司十三局」架構下，司、局長共有十六位，分別是：政務司司長、財政司司長、律政司司長、環境局局長、創新及科技局局長、民政事務局局長、財經事務及庫務局局長、勞工及福利局局長、公務員事務局局長、保安局局長、運輸及房屋局局長、食物及衛生局局長、商務及經濟發展局局長、發展局局長、教育局局長、政制及內地事務局局長。主要官員須為行政長官所指派的政策範疇承擔責任，並統領有關政策範疇內的執行部門。主要官員負責制定、介紹政府政策及為政策辯護，以及爭取公眾和立法會的支持。他們須就政策的成敗向行政長官負責。[38]

第二，行政長官辦公室主任。行政長官辦公室主任由行政長官任命。他主要負責與各主要官員協作，制定政策

38　《政治委任制度官員守則》，2.2。

和決定政策的優先次序，以確保行政長官所定的政策和所作的決定得到全面落實；加強與行政會議及立法會的溝通；聯絡政黨及政團，以及社會各界及地區人士。他亦須監督行政長官辦公室的運作。[39]

　　第三，副局長。副局長由行政長官任命。特區政府當前共有十三個決策局，除公務員事務局之外，其餘十二個決策局皆設有副局長。副局長主要負責協助局長處理各方面的政治工作。副局長是局長的下屬，並按照局長的指示工作。他們會在相關局長暫時缺勤時代理其職責，出席立法會大會會議、轄下委員會、小組委員會及事務委員會的會議，以及代表政府發言。[40]

　　與其他決策局相比，公務員事務局較為特別，不設副局長與局長政治助理。對此，《報告書》的解釋是：「公務員事務局局長轄下有公務員事務局常任秘書長和從屬常任秘書長的公務員，以及包括政務助理和新聞秘書在內的私人辦公室人員，負責為局長提供支援。與其他局長有所不同的是，在公務員事務局局長暫時缺席期間，公務員事務局常任秘書長將行使其權力及代理其職責，包括出席立法會大會、委員會、小組委員會及事務委員會的會議，以及代表政府發言。這反映了因應公務員事務局局長的工作性質而作出的獨特安排。鑒於上述安排，並考慮到公務員事務局的主要工作與管理公務員隊伍有關，我們認為公務員

39　同上。

40　同上。

事務局並無需要如其他決策局般增設副局長及政治助理以支援局長。」[41]

第四，政治助理。政治助理由行政長官任命。在特區政府的當前架構下，除公務員事務局之外，其餘十二個決策局皆設有局長政治助理，再加上政務司司長政治助理與財政司司長政治助理，共十四位。政治助理主要負責從政治角度為主要官員和副局長提供建議以供參考，並根據指示進行所需的政治聯繫工作。[42]

最後，還有一點值得注意。「委任制」所提及的「主要官員」，與基本法所列舉的「主要官員」，不完全是一個範疇。基本法第 48 條所列舉的「主要官員」，除司、局長之外，還包括廉政專員、審計署署長、警務處處長、入境事務處處長、海關關長。雖然特區政府對「旋轉門」制度的兩次改革都沒有涉及這些官員，但他們作為基本法規定的由行政長官提名並報請中央政府任命的主要官員，理論上也應當被歸入「政治委任官員」的範疇。

（二）政治委任官員的離職規管

根據《政治委任制度官員守則》，政治委任官員的離職規管期為一年，所受規管可以分為兩類。

第一類規管，可以稱為「強制性禁令」。（1）在離職

41　《進一步發展政治委任制度報告書》（2007），5.20。

42　《政治委任制度官員守則》，2.4。

後一年內，政治委任官員不得在任何牽涉或針對政府的索償、訴訟、索求、法律程序、交易，或談判中代表任何人。（2）在離職後一年內，政治委任官員不得參與任何與政府有關的游說活動。[43]

第二類規管，可以稱為「建議性約束」。政治委任官員如欲在離職後一年內展開任何工作，在任何商業或專業機構出任董事或合夥人，或獨資或與他人合資經營任何業務或專業服務，必須事前徵詢行政長官所委任的專責委員會——「前任行政長官及政治委任官員離職後工作諮詢委員會」（以下簡稱「諮委會」）——的意見。「諮委會」的審議過程必須保密，但所提出的意見則會公開。[44]

「諮委會」發佈的《政治委任官員離職後工作指引》詳細介紹了其職權範圍與制度目的。首先，「諮委會」的職權範圍包括：（1）訂立原則和標準，以為前任行政長官和政治委任官員離職後的工作安排提供意見；（2）根據所採納的原則和標準，考慮前任行政長官和政治委任官員離職後的工作安排，並作出研究和提供意見；（3）考慮由行政長官辦公室轉介的其他個案，並向政府提供意見。其次，對政治委任官員實行「離職後工作約束」（post-office employment restrictions）的目的，是確保在離職後的一年內（「相關期」，the Relevant Period），前官員展開的任何工作，都不會與他們之前的政府工作構成利益衝突（conflict

---

43　同上，5.27－5.28.

44　同上，5.26。

of interest），或使公眾對政府產生理由充分的負面看法。[45]
從目前情況來看，這一制度安排是比較有效的。政治委任
官員離職之後，在展開新工作之前，基本都會接受「諮委
會」提出的建議。

（三）對公務員的特殊限制

一般而言，來自公務員隊伍的政治委任官員，不應在
其政治委任職位任期屆滿或終止後，自動獲准返回原來的
公務員職級及職位。假如他有意重投公務員行列，必須按
照正常的途徑，通過公開及公平競爭的招聘程序，才可獲
錄用。[46] 相比之下，來自學、商界的政治委任官員，在任期
屆滿或終止後，在不構成利益衝突的前提下，很容易「轉
回」之前的職業。

《報告書》表示，這種對「旋轉門」制度的特殊限制，
是為了維持公務員隊伍的「政治中立和專業」：「否則，
政治委任官員與公務員隊伍的界線將越趨模糊，長遠而言
會影響公務員隊伍實際上的政治中立或在這方面予人的印
象。」[47]

唯一的例外是公務員事務局局長。《公務員守則》規

45　*Guidance Note on Post-office Employment for Politically Appointed Officials*,
　　1-4.

46　《公務員守則》，3.10。

47　《進一步發展政治委任制度報告書》（2007），5.15。

定，「根據現行安排，按政治委任制度出任公務員事務局局長一職者，須從在職公務員中挑選。他無須辭職或退休以脫離公務員隊伍，即可出任該職位。倘年齡符合條件，他在離任公務員事務局局長一職後，可重返公務員隊伍」。[48]

對於這一例外，《報告書》也作出了解釋。《報告書》認為，公務員事務局局長負責公務員的政策和管理，「出任該職位的人士需要得到公務員隊伍的尊重，並且讓公務員以及外界相信，他能夠維護公務員體制的誠信以及維護公務員隊伍的利益」。如果要求出任公務員事務局局長的公務員斷絕其與公務員隊伍的聯繫，「這將難以讓公務員以及外界相信，出任該職位的人士在面對政治壓力時，仍會竭力維護公務員體制的誠信及公務員隊伍的利益」。[49]

48　《公務員守則》，3.10。

49　《進一步發展政治委任制度報告書》（2007），5.17－5.19。

第六節　香港「旋轉門」制度的當前問題

總體而言，香港的「旋轉門」制度發揮了重要的政治功能，提高了特區政府的管治能力，擴大了特區政府的認受性基礎。首先，通過規定政治委任官員不得由公務員兼任，特區政府確立了「兩官分途」的基本架構，增強了決策層的一致性，有利於施政平穩有效。其次，通過對政治委任官員進行一系列嚴格的在職監督與離職規管，並為有志從政人士開闢一條新的從政途徑，特區政府的政治問責及吸納能力都得到顯著提升。

然而，我們亦應承認，香港「旋轉門」制度的運行尚不盡如人意，還存在相當程度的改進空間。在這一部分，我們將着重分析香港現行「旋轉門」制度存在的問題及其原因。為進一步了解該制度的微觀運作，我們訪談了一些香港政界人士，本部分的分析亦將涉及我們的訪談內容。

（一）行政長官及政治委任官員與公務員系統間的協調

概括而言，香港「旋轉門」制度在實踐中面臨的一個主要問題，就是政治委任官員乃至行政長官與公務員系統之間的協調仍存在困難。

早在第一屆特區政府期間，香港社會就有人指出，特區政府施政困難的一個主要原因，就是行政長官被公務員隊伍所「架空」。時至今日，這一問題依然沒能徹底解決，並困擾着香港「旋轉門」制度的實踐。在訪談過程中，有

三位受訪者都表示,政治委任官員與公務員之間很容易產生隔閡;尤其是由政壇外界人士「轉任」的政治委任官員,很容易面臨與公務員合作困難的情況。究其原因有二。

第一,香港公務員的內部封閉性及其對特區政策決策和執行的巨大影響力,使得公務員可能在局部事務上「架空」政治委任官員乃至行政長官。

政治委任官員與公務員之間的關係,主要由《政治委任制度官員守則》和《公務員守則》這兩個規範性文件作出規定。尤其是公務員事務局於 2009 年出台的《公務員守則》,用很大篇幅論述「公務員與政治委任官員共事時的角色與職責」,以及「公務員與政治委任官員的關係」。

《公務員守則》對主要官員與公務員之間的結構性關係作出了明確規定:「公務員有責任協助政治委任官員制訂政策。他們須遵從在任政府的決定和主要官員的指示,負責推行政策、執行行政工作、提供和管理公共服務,以及履行執法和規管的職能。」這一規定基本澄清了主要官員對公務員的領導關係。

然而,在副局長、政治助理與公務員之間的結構性關係上,《公務員守則》並沒有作出明確規定。《公務員守則》規定:(1)常任秘書長及為主要官員提供直接支援的公務員(如政務助理、新聞秘書、私人秘書、司機),可以不受限制地直接請示主要官員。(2)在一般情況下,其他公務員經由常任秘書長向主要官員請示。(3)副局長與政治助理只能「代表其局長」向公務員提出特定要求,並且「這類工作接觸是基於夥伴合作精神進行,並不構成亦不應被

視為構成副局長／政治助理與公務員之間有從屬關係」。[50]
這種沒有「從屬關係」的「夥伴合作精神」，具有很高的模
糊性，以及很大的解釋空間。

　　原發展局局長政治助理何建宗指出，政治委任官員所
從事的「政治工作」，至少包括以下四方面：游說立法會和
區議會；聯繫有關政策的利益相關者，包括政黨、利益團
體、反對人士、專業界別等等；聯繫傳媒；關注、分析和
使用新媒體和網上媒體。「政府內部就以上每一方面都配備
大量的公務員，包括民政事務處（主要處理地區工作）、新
聞處（總部和派到各單位的新聞主任、局長的新聞秘書）、
行政署（統籌立法會事務）等等。」[51] 然而，由於公務員
與副局長、政治助理之間沒有「從屬關係」，公務員可能
以「政治中立」為由，拒絕協助副局長與政治助理從事上
述「政治工作」，由此導致公務員與政治委任官員之間產生
不必要的隔閡，難以緊密合作。

　　此外，雖然《公務員守則》明確規定公務員需「遵從
在任政府的決定和主要官員的指示」，但這一條款在實踐
中亦有可能發生變形和走樣。在香港的公務員體系中，公
務員的升遷和任免皆由公務員事務局統一管理，並不受主
要官員影響。公務員團體內部同質性高、同氣連枝，政治
上自我延續的能力強，控制香港政策執行層面的命脈。因

50　《公務員守則》，6.3－6.8。

51　何建宗：〈基本法秩序下的政治委任官員與公務員〉，《原道》，2015 年 03
　　期。

此，主要官員與公務員在實踐中依然更接近「合作」關係，兩者之間尚未建立嚴格的「領導」與「被領導」關係。

在此背景下，當政治委任官員缺乏公務員背景、在公務員隊伍內部缺乏人脈和資源時，在局部事務上很容易被公務員「架空」，成為「有名無實」的虛職。更重要的是，主要官員如遭「架空」，行政長官亦會備受掣肘，無法有效領導特區政府各決策局的政策制定與實施工作，長此以往，將從根本上破壞香港特區的「行政主導」政治體制，降低特區政府的施政水準，並引發一系列管治難題。

第二，由於歷史遺留問題的影響，公務員事務局容易不受中央控制和領導，成為中央政令暢通的主要障礙。

在港英治理末期，在港英政府向華人代理人「讓權」的總體部署下，華人公務員逐漸躍升為殖民體制下的重要組成部分，殖民政府亦對他們進行了比較徹底的親英教育和考核。雖然香港回歸二十年來，港府原有的高級公務員已經過了北京的長期觀察和特區政治實踐的長期考驗，但港英時期的殘餘影響仍然存在，港英政府在公務員隊伍中佈下的「暗樁」尚未得到徹底清理。特別是在港英「居英權計劃」影響下的受益人，在不放棄此等利益的情況下，極難獲得充分信任。

總而言之，回歸以來，香港的公務員隊伍在經歷了最初的磨合期之後，已經愈來愈熟悉新的政治秩序與權力結構，配合行政長官施政的意願亦有明顯提升，但由於一系列制度缺陷和歷史因素的影響，公務員隊伍與政治委任官員乃至行政長官之間的隔閡、分歧與摩擦依然在所難免，

難以做到精誠團結、緊密合作。長此以往，將有損香港的繁榮穩定，不利於全面、準確地貫徹落實「一國兩制」方針政策。

（二）政治委任官員的來源

香港「旋轉門」制度在實踐中面臨的第二個主要問題，就是政治委任官員的來源較為單一。

在訪談過程中，有不少受訪者都不同程度地質疑了「委任制」吸引政壇外界人士的有效性。例如，某主要反對派政黨負責人在受訪中指出，目前為止，政治委任官員主要還是來自公務員隊伍。一位受訪的前行政主任進一步指出，「委任制」的實踐完全取決於行政長官的人際網絡，而行政長官的人際網絡重心一般都集中於公務員隊伍。

事實上，回歸以來，特區政府的主要官員中前公務員的比例一直很高。「旋轉門」制度的實施，並沒能從根本上改變這一狀態。我們不妨以公務員出身者佔主要官員比例來說明這一問題。據統計，在 2002 年的董建華政府，公務員出身的佔 43%（6/14）；2007 年曾蔭權政府中，公務員出身的比例增加到 60%（9/15）；到了 2012 年的梁振英政府，比例為 40%（6/15）。[52] 在表 2.1 中，我們對第五屆特區政府的十六位司、局長進行了一個簡要統計。

52　同上。

表 2.1　第五屆特區政府就職時新任司、局長背景

姓名	職位	背景	重要任職
張建宗	政務司司長	公務員 （政務職系）	經濟發展及勞工局常任秘書長 （2002－2007） 勞工及福利局局長 （2007－2017）
陳茂波	財政司司長	專業界 （會計）	立法會議員（2008－2012） 發展局局長（2012－2017）
鄭若驊	律政司司長	專業界 （法律）	亞洲國際法律研究院創始 成員及前任主席 國際商事仲裁會前任副主席
羅智光	公務員事務局 局長	公務員 （政務職系）	多個決策局常任秘書長 （2004－2017）
聶德權	政制及內地 事務局局長	公務員 （政務職系）	食物及衛生局常任秘書長 （2016－2017）
楊潤雄	教育局局長	公務員 （政務職系）	教育局副局長 （2012－2017）
黃錦星	環境局局長	專業界 （建築）	環境局局長 （2012－2017）
陳肇始	食物及衛生局 局長	專業界 （醫學）	食物及衛生局副局長 （2012－2017）
劉江華	民政事務局 局長	政黨 （民建聯）	立法會議員 民建聯副主席 政制及內地事務局副局長 （2012－2015） 民政事務局局長 （2015－2017）
羅致光	勞工及福利局 局長	教育界 （香港大學）	香港大學社會工作系教授 （1981－2017） 立法會議員（1998－2004）

（續上表）

姓名	職位	背景	重要任職
李家超	保安局局長	公務員（警隊）	警務處副處長（2010－2012） 保安局副局長（2012－2017）
陳帆	運輸及房屋局局長	公務員	機電工程署署長（2011－2017）
邱騰華	商業及經濟發展局局長	公務員（政務職系）	環境局局長（2007－2012） 行政長官辦公室主任（2012－2017）
黃偉綸	發展局局長	公務員（政務職系）	發展局常任秘書長（2015－2017）
劉怡翔	財經事務及庫務局局長	公務員（政務職系）	財經事務及庫務局副局長（2014－2017）
楊偉雄	創新及科技局局長	工商界	香港數碼港管理有限公司行政總裁（2003－2010） 香港理工大學行政副校長（2010－2015）

　　根據表 2.1 的統計,在第五屆特區政府的 16 位司、局長當中,有 9 位都來自公務員隊伍,佔據了 56% 的比例（9/16）,其中有 7 位更都是出身於政務職系。此外,有 4 位來自專業界,1 位來自工商界,1 位來自教育界,1 位來自政黨。這表明「旋轉門」制度的實施,並沒能改變主要官員人員來源單一的狀況,主要官員的人員構成依然存在相當程度的同質化特徵。此外,副局長與政治助理的人員構成同樣存在這一問題。[53]

53　參見何建宗對 2008 年至 2014 年間特區政府的副局長與政治助理的統計和分析。何建宗:〈香港政治人才的面貌——政務官與政治委任官員分析〉,《當代港澳研究》,2014 年第 1 期。

如果前公務員在政治委任官員中長期佔據過高比例，將帶來兩方面不良影響，使「旋轉門」制度在實踐中背離其制度目標。首先，公務員隊伍的知識儲備和專業背景較為單一而同質化，難以勝任香港作為一個高度發達的商業社會所面臨的日趨複雜化、精細化和專業化的管治問題。其次，有違香港社會普遍認可的「均衡參與」政治原則，打擊社會各界人士的從政熱情，降低特區政府的政治吸納能力，不利於本地政治人才的培養。

（三）政治委任官員不易勝任管治工作

香港「旋轉門」制度在實踐中面臨的第三個主要問題，就是政治委任官員缺乏政治訓練，不易勝任管治工作。

政壇外界人士在「轉任」政治委任官員之前，一般沒有從政經歷。因此，在適應新職務的過程中，他們往往會面臨更高的學習成本。首先，他們必須盡快熟悉政府內部的一系列行為規則。一位受訪的前行政主任認為，對於政壇外界人士而言，政府內部有太多的紅線和限制。他特意提到了某位原財經事務及庫務局局長的例子：該局長剛從工商界轉入政府任職時，他必須更小心謹慎地對待公務花銷，這與在私人企業任職的情況大不相同。

其次，他們還被要求掌握一系列處於自身的專業領域之外、職責範圍之內的管治知識。一位受訪的行政主任認為，政壇外界人士「轉任」政治委任官員之後，很容易在自己不熟悉的領域犯錯，這對他們本人乃至特區政府都是

一個巨大的問題。

　　此外，即使由公務員出任政治委任官員，情況亦不甚樂觀。如前所述，在港英時代，香港的重大決策都由倫敦做出，公務員僅僅負責執行。受此傳統影響，公務員的執行能力強，但缺乏決策能力、規劃能力和組織協調能力，難以勝任新政治秩序下複雜的政治工作。因此，香港的公務員隊伍難以為「旋轉門」制度的有效運轉提供充足的人才儲備。

　　總體而言，香港現行的「旋轉門」制度並不足以保障來自政界外的政治委任官員順利度過學習期，盡快適應新職務。在此背景下，政治委任官員很容易犯錯，並因此接受問責乃至引咎辭職。這一現象一方面不利於特區政府決策層的人員穩定，打擊社會精英的從政熱情，繼而損害特區政府的政治吸納能力；另一方面亦可能增加特區政府在施政中犯錯的風險，乃至嚴重影響到特區政府施政的平穩性與有效性。長此以往，將使「旋轉門」制度在實踐中背離其制度目標。

第七節　香港「旋轉門」制度的改革建議

在上一部分，我們分析了香港「旋轉門」制度當前所面臨的困難及其原因。概括而言有三。第一，政治委任官員與公務員之間的結構性關係尚未完全理順，兩者難以緊密合作，行政長官及政治委任官員容易被公務員「架空」。第二，政治委任官員的來源較為單一，來自公務員隊伍的人士佔據了過大比例，不利於社會各界對香港管治的「均衡參與」。第三，政治委任官員一般缺乏豐富的政治經驗，不易勝任管治工作。在這一部分，我們將針對這三點問題，提出三點富有針對性的政策建議，供有關部門及人士參考。

（一）理順政治委任官員與公務員之間的關係

我們建議，特區政府應進一步明確政治委任官員與公務員之間的結構性關係。為此，特區政府可考慮對《政治委任制度官員守則》與《公務員守則》作出兩點修訂。

第一，刪除公務員與副局長、政治助理之間沒有「從屬關係」的規定，使副局長與政治助理能夠在各自所負責的「政治工作」範疇內，對相應級別的公務員進行領導。

香港公務員的內部封閉性及其對特區政策決策和執行的巨大影響力，使得公務員可能在局部事務上「架空」政治委任官員乃至行政長官。在香港的公務員體系中，公務員的升遷和任免皆由公務員事務局統一管理，並不受主要

官員影響。因此，主要官員與公務員在實踐中依然更接近「合作」關係，而不是嚴格的「領導與被領導」關係。在此背景下，當政治委任官員缺乏公務員背景、在公務員隊伍內部缺乏人脈和資源時，在局部事務上很容易被公務員「架空」，成為「有名無實」的虛職。主要官員如遭「架空」，行政長官亦會備受掣肘，無法有效領導特區政府各決策局的政策制定與實施工作，長此以往，將從根本上破壞香港特區的「行政主導」政治體制，降低特區政府的施政水準，並引發一系列管治難題。

以副局長與政治助理同公務員的關係來說，目前，副局長與政治助理只能「代表其局長」向公務員提出特定要求，並且「這類工作接觸是基於夥伴合作精神進行，並不構成亦不應被視為構成副局長／政治助理與公務員之間有從屬關係」。這種沒有「從屬關係」的「夥伴合作精神」，具有很高的模糊性，以及很大的解釋空間；公務員可能以「政治中立」為由，拒絕協助副局長與政治助理從事上述「政治工作」，由此導致公務員與政治委任官員之間產生不必要的隔閡，難以緊密合作。

第二，重新定義「政治中立」原則，明確澄清「政治中立」並不是說公務員應當避免協助政治官員完成「政治工作」，而是說公務員無論持有何種政治理念，都應當忠實地執行政治官員的決策。

這兩點修訂，有利於理清政治委任官員與公務員之間的「條塊關係」。一方面，建立起自上而下的垂直管理關係。行政長官可以借助政治委任官員，而實現對公務員的

全面領導。另一方面，建立起決策局內部的平行管理關係，即在特定「政治工作」的範疇內，政治委任官員應對相應級別的公務員進行領導。如此一來，可以通過「條塊結合」的管理模式，盡可能理順政治委任官員與公務員之間的結構性關係，使行政長官及政治委任官員與公務員做到分工明確、緊密合作，共同提高特區政府的管治能力，確保施政平穩有效。

（二）提高專業人士擔任政治委任官員的比例

我們建議，特區政府應豐富政治委任官員的人員構成。為此，特區政府在條件允許的情況下，應考慮降低前公務員擔任政治委任官員的比例，並提高專業人士擔任政治委任官員的比例。尤其是一些專業性極強的決策局，應有意識地提升相關專業人士擔任政治委任官員的比例，使特首施政得到更有效的支援及配合，為特區政府提供人才儲備，並進一步提升特區政府的政治吸納能力。相應地，公務員隊伍亦應面對角色轉變的事實，積極調整自我定位，專注於政策執行。

對於工商界、專業界的社會精英而言，沒有政治履歷其實是一個普遍現象，毋需過分強調。因此，一個人能否勝任政治委任官員，關鍵並不在於其是否擁有政治履歷，而在於其應當具備哪些重要質素。在訪談過程中，一位受訪者表示，如果副局長和局長政治助理能夠在一些專業事務上為局長提供有效的協助，管治效率將得到很大提升。

因此，提升專業人士擔任政治委任官員的比例，吸納專業人士到政府任職，一方面可彌補公務員隊伍的知識儲備和專業背景較為單一且同質化的不足，有利於滿足香港作為一個高度發達的商業社會，所面臨的日趨複雜化、精細化和專業化的管治問題；另一方面亦可實現社會各界對管治工作的「均衡參與」，打造一個具有更廣泛代表性的「管治聯盟」，並促進本地政治人才的培養。

同時，我們有理由相信，降低前公務員擔任政治委任官員的比例，不會對公務員士氣構成過大影響和衝擊。雖然公務員是政治委任官員的一個主要來源，但大多數公務員對「轉任」政治委任官員的興趣其實並不大。

首先，對於公務員而言，政治委任官員的薪酬缺乏吸引力。一位受訪的現任行政主任指出，政治委任官員的薪酬並沒有比高級行政主任或首長級行政主任高出多少；兩位受訪的公務員認為，政治委任官員與公務員之間的薪酬差距，無法彌補政治委任官員日常承擔的額外工作壓力。

其次，與公務員相比，政治委任官員的工作缺乏穩定性。一位受訪的公務員表示，政治委任官員時刻面臨被問責的風險，但公務員則被稱為「鐵飯碗」，這導致許多高級公務員喪失了進一步晉升為政治委任官員的動力。前任發展局局長政治助理何建宗亦指出，「公務員是個終身職業，作為公務員頂層的常務秘書長要擔任局長，他們所考慮的主要是按時退休和提前退休擔任局長的取捨。但作為四十多歲的首長級公務員，要提前十多二十年離職轉到風險高得多的副局長，顧慮就會比較多。由於香港沒有建立一個

政治官員的升遷制度，當政府換屆以後，副局長（和其他
政治委任官員）就可能面臨失業的情況」。

（三）增強對政治委任官員的綜合培訓

　　我們建議，特區政府應加強對政治委任官員的綜合培
訓，幫助其盡快適應新職務。具體而言，對政治委任官員
的綜合培訓應當包含以下兩個部分。

　　第一，國情教育。為了使政治委任官員能夠迅速適應
新職務，以建立牢固的國家認同與政治忠誠為目標的國情
教育，是一個必不可少的培訓環節。

　　香港是國家不可分割的一部分，對於「一國兩制」方
針而言，「兩制」以「一國」為前提。「一國兩制」方針的
目的，並不是將香港與內地相區隔，而是在充分尊重香港
的歷史與現實的基礎之上，推動香港逐漸融入主體政治秩
序。因此，無論是公務員還是政治委任官員，都應當成為
「一國兩制」偉大事業的重要推動力量。特區政府的一切公
職人員，都必須對中國的基本國情有一個全面而深刻的理
解，建立起牢固的國家認同與政治忠誠，才可能勝任自己
的工作。

　　從 1999 年開始，香港公務員事務局就開始陸續展開針
對公務員隊伍的國情研習和教育活動，並取得了良好的效

果。[54] 在國情教育的開展過程中，有兩點值得特別注意。第一，國情教育不能僅僅停留在主要官員的層面，而是要進一步向作為政治人才「第二梯隊」的副局長與政治助理擴展，不斷提高政治委任官員全體的政治質素。第二，國情教育應當避免僵化的政治說教，要以中華文明作為培養國家認同的重要媒介，將憲法與基本法作為塑造政治忠誠的規範形式，澄清「一國兩制」方針所蘊含的文化意義與憲制意義。

第二，職務培訓。為了解決政治委任官員在任職初期的「水土不服」問題，政府可以安排他們接受入職前的職務培訓。

在職務培訓的開展過程中，有三點值得特別注意。第一，職務培訓應當盡量涵蓋政治委任官員的職務範疇，包括行政技能培訓、政策實踐培訓、公共事件處理培訓以及媒體溝通培訓等，以幫助政治委任官員盡快適應新職位。第二，特區政府可以廣泛參考外國政府在課程設計上的成功經驗，同時充分利用香港在公共行政學領域的優勢地位，設計一個行之有效的職務培訓方案。第三，特區政府可以考慮委託機構（如高等學府的相關學術系所）協力進行職務培訓，以避免引發「利益衝突」的質疑。

增強對政治委任官員的國情教育和職務培訓，有利於保障政治委任官員順利度過學習期，減少犯錯率，盡快適

54　閻小駿：《香港治與亂——2047 的政治想像》，香港：三聯書店，2015 年，頁 139。

應新職務。此舉一方面有利於保障特區政府決策層的人員穩定，鼓勵社會精英的從政熱情，提高特區政府的政治吸納能力；另一方面亦可確保特區政府施政平穩有效，增強其管治能力，更好地全面落實「愛國者治港」原則，「港人治港」，高度自治。

第 三 章

「一國兩制」
實踐中的
公務員制度

第一節　導論

　　公務員制度是現代國家和地區的政治制度所不可或缺的一個重要組成部分。所謂公務員制度，「指一正式中介架構在一特定地域，通過人力資源的運用為國家事務服務」。[1] 沒有公務員隊伍的支援和配合，現代政府將不可能實現有效運作，現代社會也無法獲得優良管治。

　　一直以來，香港的公務員隊伍都以其專業、高效、廉潔和活力而著稱於世。在世界範圍內，香港的公務員制度都是一個典範，被各國家和地區所學習和效仿。根據特區政府公務員事務局發佈的《公務員守則》，「公務員隊伍是香港特別行政區政府的骨幹，向行政長官負責，協助在任的行政長官及政府制訂、解釋和執行政策；執行各項行政事務；向市民提供服務；以及履行執法和規管職能。公務員隊伍竭誠服務社會，對香港的有效管治和安定繁榮作出貢獻」。[2] 然而，近年來，香港的公務員制度和公務員隊伍不斷遭遇質疑。其核心問題，就是港英時代建立的公務員制度能否適應和融入回歸後的新政治秩序。

1　黃湛利：《香港公務員制度》，香港：中華書局，2016 年，「序言」。

2　公務員事務局：《公務員守則》，1.1。

　　例如，2019 年 11 月，時任公務員事務局局長羅智光在立法會表示，收到有關公務員因「修例風波」參與非法集結或暴力活動，或公開發表詆毀「一國兩制」言論的投訴，共涉四十三名公務員，會按機制交所屬部門跟進。他並提到正研究要求公務員宣誓擁護基本法，包括宣誓是否適用於所有還是部分公務員。此言一出，馬上引發熱議。一個主要反對意見認為，要求公務員宣誓擁護基本法，有違公務員長期奉行的「政治中立」原則。隨着之後一段時間公務員參與所謂「反修例運動」的個案不斷增加，這個概念更是經常引起熱議。

　　事實上，從「23 條立法」爭議開始，香港公務員的「政治中立」就一直處於風口浪尖。有人認為，公務員的「政治中立」應以愛國愛港為前提，「在愛國愛港問題上，不存在中立不中立」，「落實基本法的問題上也不存在中立與否，公務員不能只落實他喜歡的那條基本法條文，不喜歡的就以政治中立作藉口」。[3] 更有人認為，公務員「政治中立」是英國的政治傳統，已經不適用於新的政治秩序，需要進行「去殖民化」改革。

　　「政治中立」是公務員制度的一個重要內容，也是公務員隊伍的一個核心信念。然而，不少討論往往訴諸「言論自由」或「良心」等抽象概念，容易成為情緒化表達。由此可見，要想思考香港公務員制度的當前問題與發展方

3　〈公僕否認 遭北京訓示〉，《星島日報》，2003 年 10 月 15 日。

向，我們首先必須釐清這個關鍵概念。一般而言，公務員的「政治中立」，指的是「不論本身的政治信念為何，公務員必須對在任的行政長官及政府完全忠誠，並須竭盡所能地履行職務，不得受本身的政治信念支配或影響」。[4] 但是，香港公務員制度中的「政治中立」原則仍然存在一些有待改進的問題，例如缺乏關於「一國兩制」方面的論述、對「政治活動」的界定不夠與時俱進、未能完全理順公務員與政治委任官員的從屬關係，需要在新世代進行適應性變革。

2019 年中共十九屆四中全會審議通過的《中共中央關於堅持和完善中國特色社會主義制度、推進國家治理體系和治理能力現代化若干重大問題的決定》要求，「加強對香港、澳門社會特別是公職人員和青少年的憲法和基本法教育、國情教育、中國歷史和中華文化教育，增強香港、澳門同胞國家意識和國家精神」[5]。

2021 年，香港特區政府依據有關法律規定完成了公務員宣誓或簽署聲明擁護基本法、效忠特別行政區的安排，共有 17 萬名政府公務員簽署聲明、完成宣誓，立法會也審議通過了《2021 年公職（參選及任職）（雜項修訂）條例草案》。國務院港澳辦發言人發表談話表示，完善有關宣誓效忠制度，要求公職人員以法定形式公開做出莊嚴承諾，並承擔違誓的法律後果，這就清晰劃出了從政者不可逾越的

4　公務員事務局：《公務員守則》，3.7。

5　同上。

政治底線，有力強化了愛國愛港者治港的政治規矩。[6]

2021 年 10 月 15 日，公務員事務局局長聶德權表示，自 8 月起，投考公務員人士基本法測試必須及格，才可進入下一個招聘程序；同時，政府會檢視現時招聘公務員的基本法測試內容，加入《香港國安法》，確保新入職的公務員對國家安全有基本認識。[7]

2021 年 12 月 9 日，香港特別行政區公務員學院成立。國務院港澳辦常務副主任張曉明在成立典禮上透過錄像發表講話，希望今後公務員學院要着力培養公務員的愛國意識、為民情懷、世界眼光、戰略思維。行政長官林鄭月娥在成立典禮致辭時，期望加強公務員對「一國兩制」方針下特區與中央的關係、憲法、基本法和《香港國安法》的培訓。[8]

以上中央和特區政府的有關舉措與重要論述，代表着香港公務員的「政治中立」將隨着「一國兩制」的適應性變革而與時俱進，也意味着這一原則需要更為系統、全面的認識與反思。本章嘗試對香港公務員的「政治中立」做一個全景式考察，梳理其歷史源流和制度價值，澄清其基本概念和制度架構，並思考其當前問題與改革方向。

6　〈國務院港澳辦：為香港特別行政區公務員完成宣誓點讚〉，新華社，2021 年 5 月 16 日電。

7　〈公務員考試增國安法內容正常不過〉，香港政府新聞網，2021 年 10 月 15 日，https://www.news.gov.hk/chi/2021/10/20211015/20211015_163540 _606.html。

8　〈公務員學院成立標誌公務員培訓發展邁向新里程〉，香港特別行政區政府新聞公報，2021 年 12 月 9 日。

第二節　「政治中立」的概念

（一）「政治中立」的歷史起源

若想深入思考公務員的「政治中立」原則，我們首先必須了解其歷史起源。從歷史角度講，香港的公務員制度及其「政治中立」原則，沿襲自英國的文官制度。光榮革命以後，英國建立了「王在議會」（King in the Parliament）的主權結構。十九世紀初，英國議會兩黨制已基本成型。然而，當時的英國依然實行「政黨分肥制」，執政黨會將官職分配給本黨派人員，以加強黨內團結，維護自身統治。因此，每逢新首相及其內閣官員上台，政府職員就會迎來一次大換班。這不僅導致了結黨營私、賣官鬻爵現象的氾濫，而且增強了政府職員隊伍的不穩定性，嚴重影響了政府的施政能力及效率，削弱了政府的認受性。

十九世紀中葉，英國開始思考如何改革文官制度。當時，格拉斯頓內閣委託斯塔福德‧諾斯科特爵士（Sir Stafford Northcote）和查爾斯‧杜維廉爵士（Sir Charles Trevelyan）對既有的文官制度進行檢討，並提出相應的改革方案。

1854 年，經過深入而廣泛的調研，尤其是參考了印度殖民地的文官制度改革的經驗，二人提交了西方公共行政史上著名的《關於組織常任制公務員隊伍的報告》，史稱《諾斯科特－杜維廉報告》（Northcote-Trevelyan Report，以下簡稱《報告》）。

　　《報告》認為，建立一支常任制公務員隊伍，對於提高管治質素至關重要。它指出，堆積如山的公共事務，對政府造成了巨大壓力；行政機關的人員變動如過於頻繁，將使政府無法有效施政。因此，「我們可以穩妥地得出一個結論：就當前情況而言，如果沒有一支有效的常任制官員隊伍提供支援，我們國家的政府將難以正常運轉。這些常任制職位需服從直接向王室和議會負責的首長，但同時亦擁有充分的獨立性、特質、能力和經驗，以對定期換班的首長提供建議和輔助，並在某種程度上對他們發揮影響」。[9]

　　《報告》指出，英國當時的文官制度普遍存在任人唯親、論資排輩和部門碎片化等問題，因此只有不思進取和能力欠佳之人，才會從事公職生涯。這導致政府的職員人數不夠，公共服務滯後，而社會亦對政府缺乏信心。因此，《報告》建議，英國應改革文官制度，逐步建立一支常任制的公務員隊伍，以為政府平穩施政奠定制度基礎。為此，《報告》提出了一系列改革建議。例如，政府應通過統一的公開考試，來選拔和錄用公務員；對政府各部門公務員實行統一管理，建立公務員隊伍內部的等級制，並允許公務員在不同部門之間輪調和晉升；公務員的晉升應以政績而非資歷為準。

　　《報告》提交之後，引起了當時英國政府的高度重視，

9　Sir Stafford Northcote and Sir Charles Trevelyan, *Report on the Organisation of the Permanent Civil Service (together with a letter from the Rev. B. Jowett)* (1854), p. 3.

其提出的改革建議大多得到採納和落實。以此為始，英國的現代文官制度開始建立，一支由政治問責官員領導的、相對獨立於黨派鬥爭的公務員隊伍逐漸成型。

《報告》雖然沒有明確提出「政治中立」概念，但綜觀全文，其核心構想確實是以「政治中立」為原則重組公務員隊伍。《報告》提出的改革建議，如常任制、擇優錄用、基於政績晉升，都是為了使公務員可以在政府換班和政黨輪替面前保持超然和中立。時人普遍認為，「政治中立」原則可以有效遏制公務員隊伍的結黨營私、賣官鬻爵之風，保證公務員隊伍的專業、廉潔、高效及公正。從英國文官制度改革開始，經過一個多世紀的發展和調適，公務員的「政治中立」逐漸成為西方政府制度的一個核心價值。

公務員的「政治中立」，其實就是西方現代行政學上的「政治」與「行政」二分理念在制度領域的具體反映。概括而言，政府功能可以被分為兩種，即「政治」（politics）與「行政」（administration）。所謂「政治」，就是國家意志的表達；所謂「行政」，則是國家意志的執行。據此，行政機構的權力可以被分為政治權力（political power）與行政權力（administrative power）。前者是制定政策的權力，由政治官員行使；後者則是執行政策的權力，由公務員行使。德國社會學家馬克斯·韋伯（Max Weber）表示：「採取立場，充滿激情是政治家的本色，尤其是政治領袖的本色。他的行為所服膺的責任原則，同公務員的原則截然不同，甚至正好相反。公務員的榮譽所在，是他對於上司的命令，就像完全符合他本人的信念那樣，能夠忠實地加以

執行。」[10]

　　由此可見，「政治中立」的制度目標，就是分隔「政治」、「行政」兩個系統，在政治官員通過選舉進行定期輪替的同時，負責行政管理的廣大公務員實行常任制，以「政治中立」的姿態，為任何在任的政府服務。這一制度設計，對於國家的政治穩定和政府的施政能力起着非常重要的作用。因此，「政治是政治家的特殊活動範圍，而行政則是技術性職員的事情」。[11]

　　此外，「政治中立」原則還有助以共同價值團結碎片化的公務員團隊。「政治中立」原則為公務員塑造了一個共同的身份——公共利益的代表者和捍衛者。由此，「政治中立」原則為公務員隊伍提供了一個共同的價值尺度，使公務員職位具有了超越個人利益的價值和意義。因此，「政治中立」原則有利於團結公務員隊伍，維護公務員士氣，並在一定程度上減少了政治腐敗的蔓延。

（二）英國公務員制度中的「政治中立」

　　英國是現代公務員制度的發源地。儘管不同國家和地區對公務員的「政治中立」的定義不盡相同，但大多都參考了英國的經驗。

10　馬克斯・韋伯：《學術與政治》，北京：生活・讀書・新知三聯書店，2005 年。

11　Woodrow Wilson, "The Study of Administration," *Political Science Quarterly*, Vol.2, No.2 (Jun. 1887), pp.197-222.

　　根據英國公務員委員會的指引，公務員的「政治中立」包含以下要求：（1）不論個人政治理念如何，都要盡全力服務政府；（2）與政府首長建立互信關係，並確保對未來的政府亦做到這一點；（3）遵循對公務員參與政治活動的限制，不根據政黨政治考量和個人政治觀點行事。

　　英國的公務員分為三類，分別為：（1）政治自由類（Politically Free group），主要包括低級公務員和非編制人員，他們可自由從事全國性或地方性政治活動；（2）中間類（Intermediate Group），主要包括一般執行人員和文書人員，他們除不得成為國會議員候選人外，經核准可參與地方性政治活動；（3）政治限制類（Politically Restricted Group），主要包括高級文官、高級專業技術人員和相關人員，他們被禁止參與全國性政治活動，但經核准可參與地方性政治活動。

　　英國對公務員「政治中立」的規定，尤其強調對公務員參與政治活動的限制。對此，英國的《公務員管理條例》對「非政治自由類公務員」作出了三點明確限制：（1）「非政治自由類公務員，不得允許其個人政治觀點的表達，過於強烈和全面地效忠一個政黨，以致妨礙或可能妨礙忠實而有效地為另一政黨長官服務。他們必須特別注意：適度地表達意見，尤其是對自己長官所負責的事項；避免就影響自己長官履職的爭議性事務發表評論，並避免人身攻擊」；（2）「他們還必須盡力避免使長官或他們的部門或機構難堪，以免使他們有意或無意地，作為公務員，在黨內政治爭議中引起公眾的注意」；（3）「非政治自由類公務員

和未被允許從事政治活動的公務員，在任何時候都必須對政治爭議保持適當沉默，以使其公正性無可置疑」。[12]

英國為何要特別限制公務員參與政治活動？原因主要有二。第一，正如《報告》所說，只要公共部門由特定黨派壟斷，有黨派利益或關係的人便可藉此得到公共部門的重要職位，從而在任期內利用公共權力滿足個人或政黨利益。第二，雖然現代國家的憲法都會對公民政治權利作出明確規定，但公務員作為國家機器的一部分，如果表現出過於鮮明的黨派立場，將不利於取得經由選舉上台的執政黨的信任，難以與執政黨精誠合作。當公務員本人與執政黨的黨派立場相悖時，這一問題將尤為突出。因此，英國之所以嚴格限制公務員參與政治活動，主要是為了避免公務員的「政治中立」因其黨派立場而受到損害。

與英國相比，美國對公務員「政治中立」的規定相對寬鬆。美國也禁止政府僱員參與政黨活動，但他們可以更自由地進行政治表達，可以作為非政黨候選人參與選舉活動，也較少重視在公眾面前的「政治中立」形象。不過，日本對公務員「政治中立」的規定則更為嚴格。日本不僅禁止公務員參與政黨活動，而且限制公務員參與政治活動。例如，日本公務員的政治權利受到一定限制，他們參與罷工、請願、示威、公眾集會等政治活動時，必須先徵得監察官同意，方可發表相關政治言論。

12　*Civil Service management code (November 2016)*, 4.4.

(三)「政治中立」的制度要素

世界各國家和地區對「政治中立」的定義儘管在細節上存在差異,但它們普遍認為,所謂「政治中立」,就是指公務員在履行職務時,應始終忠誠於國家和公共利益,避免黨派色彩和個人立場對公共行政的影響。為了實現這一目標,各國家和地區的公務員制度普遍引入了一系列制度要素。

1. 制度性約束

在實行資本主義制度的國家和地區,為了保證公務員的「政治中立」,公務員的言行受到了一系列制度性約束。概括而言,主要有以下三方面。

第一,公務員在參與公共決策時,應盡量排除政黨政治的考量,保持客觀性和專業性。「政治中立」要求公務員在履行職務時,不得將個人政治信念凌駕於公共服務之上。然而,人不可能完全脫離自身的「先入之見」或知識結構來思考問題。在現實政治中,尤其是當公務員需要參與決策過程時,不可能完全脫離建構性的政治理論與價值。因此,我們有必要區分「政黨政治」和「公共決策」,前者指不同政黨之間的政治鬥爭,後者是關於公共事務的政府決策。所謂的「政治中立」,並不是要求公務員只能機械化地完成上級指示,而是要求其在政黨政治面前保持中立,同時並以客觀而專業的姿態,向長官提供政策意見,供公共決策參考,以提高政策質素。

　　第二，公務員在執行公共政策時，應始終忠誠於國家和公共利益，不得為個別政黨、組織和群體服務。換言之，公務員無論個人是否認同某項公共政策，都必須忠實地予以執行，且在執行過程中不得偏向於任何政黨、組織和群體，以防有人不當獲利。

　　第三，公務員在行使政治權利時，應受到一定程度的約束。一般而言，公務員會被限制參與政治活動（如參與國家和地區選舉、助選和協助籌款），限制程度與其級別和工作性質有關。此外，公務員的言論自由亦受到一定限制，尤其是不得隨意公開發表政治意見，無論是對政府決策表示反對還是支持。這些限制，有利於塑造和維護公務員在政治爭議面前的中立形象，提高政府的認受性。

2. 制度性保障

　　為了確保「政治中立」，公務員在受到一系列制度性限制的同時，亦獲得一系列制度性保障。概括而言，主要有以下三方面。

　　第一，公務員的選拔和晉升應努力做到任人唯賢。政府應通過公開、統一的競爭性考試來選拔公務員，而公務員的晉升應以政績而非黨派為標準。這種任人唯賢的做法，在提高公務員隊伍的整體質素的同時，亦有利於公務員秉公辦事，盡量免受黨派鬥爭的影響。

　　第二，公務員實行常任制（permanence），不必隨選舉周期而頻繁變動，更不必與執政黨共進退。政府對各部門公務員實行統一管理，建立公務員隊伍內部的等級制，允

許公務員長期任職,並在不同部門之間輪調和晉升。常任制可以保證公務員隊伍的穩定性,減少其後顧之憂,使公務員可以更忠誠地執行公共政策,較少被執政黨和個人意見所左右。

第三,公務員在參與公共決策時,應享有匿名(anonymity)的權利。政治官員應作出最終決策,並對其後果負責。公務員只負責執行政策,如無必要不必去議會解釋政策。匿名制使公務員不必對政策後果負責,減少了其後顧之憂,使其可以更忠誠地執行公共政策。

第三節　香港公務員的「政治中立」原則

（一）港英時期的公務員「政治中立」

如前所述，公務員「政治中立」的制度目標，是分隔「政治」和「行政」兩個系統，在政治官員通過選舉進行定期輪替的同時，公務員實行常任制，「政治中立」地為在任政府服務，以維護政治穩定，提高施政能力。不過，港英時期的公務員「政治中立」，卻有着一些不同特徵。

在港英時期，香港並不存在「政治」與「行政」二分的政制結構。一方面，在總督制下，港督不是由周期性的選舉產生，而是由英王委任，代表英王管治香港。另一方面，作為香港的主要憲制性文件之一，《英皇制誥》奠定了香港公務員制度的法理基礎，其中第 14 條規定了港督委任公務員的權力（「總督得依法制定並委任按察司、太平紳士及其他公職人員」），第 16 條規定了港督對公務員進行免職的權力（「於依英皇經一名內閣大臣不時向其下達訓令前提下，總督認為理由足夠，得開除本殖民地任何官員，或令其暫時中止行使職權，或給予總督認為適當之紀律處分」）。

在港英管治的大部分時期，香港公務員主要分為兩類。第一類，由英國殖民部外派的高級公務員。回歸以前，香港的高級公務員主要由英國外派，但這些公務員既不屬於英國本土的公務員隊伍，也不屬於香港本地的公務員隊伍，而是屬於自成系統的殖民部（Colonial Office）。

殖民部的公務員隊伍是英國在全球維持殖民管治的核心力量，下分約三十個職系，其中包括政務職系。據統計，1954 年，香港共有四十七名政務官，其中只有一名華人。1966 年，殖民部併入聯邦部（Commonwealth Office）。1968 年，聯邦部與外交部合併為外交及聯邦事務部（Foreign and Commonwealth Office），但英國向香港派駐高級公務員的做法，卻一直保留了下來。這些高級公務員成為港英管治的核心力量。[13]

　　第二類，香港本地人組成的低級公務員。在港英時期，雖然重大決策皆由英國人做出，但從二十世紀五十年代開始，港英當局就開始推動公務員的「當地化」，從香港本地招募低級公務員，負責日常的事務性工作。不過，直到二十世紀八十年代，華人才獲得擔任重要政務官職位的機會。根據李彭廣的研究，管治香港的核心團隊主要分為三層架構，基本只能由英國人擔任。直到二十世紀九十年代，香港回歸祖國之前，中國人才開始擔任管治團隊的核心職位，如布政司、公務員事務司、法律政策專員、財政司等。[14]

　　由此可見，在港英時期，香港管治主要由一個龐大的公務員隊伍所負責，立法局與行政局只是港督的諮詢機構。大部分政治問題，最後都以行政方式解決，由此形成

13　李彭廣：《管治香港——英國解密檔案的啟示》，香港：牛津大學出版社，2012 年，頁 11－13。

14　李彭廣：《管治香港——英國解密檔案的啟示》，頁 7。

了所謂「公務員治港」的政治傳統——金耀基將其概括為「行政吸納政治」。[15]

在港英時期，香港法例並沒有對公務員的「政治中立」作出明確規定，但香港的公務員制度已經初步具備了「政治中立」的制度要素。公務員的招聘方式為公開考試、擇優錄取，並實行常任制。公務員奉行集體負責制，個人不必就政策後果承擔責任。此外，公務員參與政治活動亦受到很多限制。

不過，由於特殊歷史因素的影響，在港英管治的很長一段時期，尤其是在香港前途問題浮現之前，香港公務員的所謂「政治中立」，還有一層特殊含義。這裏的「政治」，確實與黨派鬥爭相關，但並不是指選舉政治。畢竟，直到1982年，香港才舉行第一次區議會選舉；再往後，1985年，香港才舉行第一次立法局間接選舉。在此之前，香港只有一些圍繞特定議題（如員工津貼、公共交通費、環保等）組織起來的「壓力團體」，沒有現代意義上的「政黨」或「政團」；立法局和行政局議員皆為委任，不存在根據選舉周期發生的政府換班與政黨輪替。在此背景下，當時的所謂公務員「政治中立」的最大目的，是使公務員遠離來自內地和台灣地區的政治影響，以免港英管治受到威脅。

事實上，1949年以後，中英兩國政府就香港問題達成了一些「默契」。中國政府一方面不承認不平等條約的有效

15　金耀基：〈行政吸納政治：香港的政治模式〉（1975），《中國政治與文化》（增訂版），頁244-245。

性,促使聯合國從「殖民地」名單上刪除香港,另一方面
則制定了「長期打算,充分利用」的對港方針,允許英國
暫時繼續管治香港。對於英國而言,為了維護港英管治的
穩定性,自然希望將國共鬥爭及相關政治動員排除在政治
議題之外。正如有學者所說,「英國人擔心中國政府唆使和
組織香港的左派勢力為殖民管治製造麻煩⋯⋯在這種緊張
環境下,殖民政府本能性收緊對香港的管治,防範任何動
搖殖民政府管治威信的事態的發生。不單政制改革無從說
起,殖民管治反而轉趨專橫」。[16]

(二)公務員「政治中立」的官方定義

對於「政治中立」概念何時出現於香港這一問題,目
前並沒有一致看法。有學者指出,從官方文件而言,「政治
中立」一詞首先出現在 1990 年 10 月港英布政司署發出的
銓敘科通告第 26/90 號文件《公務員加入政治組織及參與
政治活動》。這份文件在回歸後進行了一些修訂,然後一直
沿用至今。[17]

不過,這份發佈於 1990 年的文件,雖然對公務員參與
政治的一般原則、加入政治組織和參與政治活動的規範、
參選與助選活動和受限制的公務員組別列出了詳細要求,

---

16   何建宗:〈香港特區公務員「政治中立」芻議〉,《行政法論叢》,2017 年
      第 2 期。

17   同上。

但並沒有對「政治中立」作出明確定義。其僅僅規定，公務員「須保持政治中立，藉以確保政府的事務能秉公辦理，並且讓公眾人士見到確實這樣辦理，這點至關重要」。香港回歸祖國以後，公務員的「政治中立」原則才獲得了清晰的定義。

2002 年，為了增強政府的施政能力，擴大政府的認受性基礎，特區政府開始引入主要官員問責制，司、局長不再由公務員出任，而是經由政治委任產生。由此，特區政府開始改變「公務員治港」的政治傳統，對「政治」與「行政」進行了明確區分。

在主要官員問責制的設計過程中，英國公務員制度一直是一個主要參考對象。香港社會各界亦普遍認為，公務員作為行政人員，必須恪守「政治中立」原則。因此，2002 年 6 月頒佈的《問責制主要官員守則》專闢一章，題為「與公務員有關的責任」，明確規定「主要官員須時刻積極維護並推廣一支常任、誠實、用人唯才、專業和政治中立的公務員隊伍」。[18] 與此同時，公務員事務局亦發佈《訂明公務員與問責制主要官員工作關係的通告》（以下簡稱《通告》），說明在主要官員問責制下，公務員必須繼續恪守的原則和信念，以及擔當的角色和責任。

《通告》指出，在問責制下，公務員隊伍將繼續是一支專業、常任、用人唯才和政治中立的隊伍。無論管理公務

18　公務員事務局：《問責制主要官員守則》，2.12。

員隊伍的方式如何按不同時代的需要革新，所有公務員都應該恪守一些基本信念，包括：（1）堅守法治；（2）守正忘私；（3）對在履行公職時所作出的決定和行動負責；（4）政治中立;（5）在執行公務時不偏不倚;以及（6）全心全意、竭盡所能，以專業精神服務市民。[19]

《通告》第一次對公務員的「政治中立」作出了明確的規範性定義。它明確指出，「公務員必須保持政治中立，這項重要原則以效忠政府為基礎。公務員的天職，是忠於在任的行政長官和主要官員」。[20] 換言之，對於特區政府而言，所謂公務員的「政治中立」，指的是公務員在履行職務時，應免受個人或黨派的政治立場影響，效忠政府，忠於在任的行政長官和主要官員。

（三）公務員「政治中立」的基本要求

為了進一步規範公務員的言行，為社會提供專業和有質素的公共服務，並確保公務員和政治委任官員團結合作，公務員事務局於 2009 年發佈了《公務員守則》。《公務員守則》開宗明義地指出，「公務員隊伍是一支常設、誠實、用人唯才、專業和政治中立的隊伍」。[21] 這份文件多次提及「政治中立」，體現出香港特區政府和社會各界對於這

19　公務員事務局：《訂明公務員與問責制主要官員工作關係的通告》，3。

20　同上，14。

21　公務員事務局：《公務員守則》，2.1。

一價值的高度重視。

在 2002 年發佈的《通告》中，公務員事務局明確列舉了公務員應當遵守的六大基本信念。《公務員守則》對於這六大基本信念進行了進一步提煉和調整。《公務員守則》規定，為了使公務員隊伍保持廉潔守正、誠信不阿，公務員須恪守下列各項同等重要的基本信念：（1）堅守法治；（2）誠實可信、廉潔守正；（3）行事客觀、不偏不倚；（4）政治中立；（5）對所作決定和行動負責；以及（6）盡忠職守、專業勤奮。《公務員守則》指出，這些信念既是良好管治的根基，亦有助公務員隊伍取得並維持公眾對他們的尊重和信任。[22]

《通告》認為，公務員「政治中立」的基礎是「效忠政府」，亦即「忠於在任的行政長官和主要官員」。《公務員守則》亦沿襲了這一定義，並進一步將「忠於」修訂為「完全忠誠」，以凸顯公務員效忠政府的重要性。它規定，所謂「政治中立」，指的是「不論本身的政治信念為何，公務員必須對在任的行政長官及政府完全忠誠，並須竭盡所能地履行職務」。

1. 效忠政府

如前所述，公務員「政治中立」的一個重要要求是「效忠政府」，亦即「對在任的行政長官及政府完全忠誠」。為

22　同上，2.2。

此，公務員應努力做到以下四點要求。

第一，在制訂政策過程中，公務員須衡量各項政策方案的影響，坦誠而清晰地提出意見。

第二，在政府作出決定後，不論個人立場如何，公務員都應該全力支持，把決定付諸實行，並且不應公開發表個人意見。

第三，他們應該協助主要官員解釋政策，爭取立法會和市民大眾的支持。

第四，公務員在公開辯論或討論公共事務的場合發表意見，應確保言論與職位相稱，並符合保持政治中立的原則。他們不得在未經授權、不恰當或時機未成熟的情況下，向外界披露以公職身份得知的資料，以阻撓或影響主要官員的政策、決定或行動。一般來說，公務員在公開場合就公共政策發表的言論，如果顯示了政府內部曾向主要官員提供的意見（包括個人意見），又或就主要官員建議的政策提出異議，均不可以接受。[23]

2. 限制發表政治言論

不過，雖然上述《通告》第一次對公務員的「政治中立」作出了明確定義，並提出了基本要求，但一些具體問題還有待進一步澄清。例如，針對公務員公開發表政治言論的問題，《通告》只規定，公務員在公開發表政治言論時，不

23　公務員事務局：《訂明公務員與問責制主要官員工作關係的通告》，14－15。

得顯示「政府內部曾向主要官員提供的意見（包括個人意見），又或就主要官員建議的政策提出異議」。但這一規定主要針對公務員以公職身份發表政治言論的情況。問題是，公務員能否以個人名義公開發表政治言論？

2004年5月，香港特區政府入境事務處一名助理處長以個人名義，在入境事務處通訊《境象》內發表題為「政改隨想曲」的文章，表達他聽罷「基本法與政治發展」一課的個人感想，其意見並不代表特區政府或入境事務處的立場。文章發表在該刊物時並沒有附上有關人員的職銜。文章發表後，有關人員獲得一些部門同事及朋友的正面回應。在徵詢其上司的意見後，有關人員透過入境事務處傳訊及公共事務組與報章接觸，隨後文章由該組傳真予報章並被轉載。在發表該文章的過程中，入境事務處准許該人員以個人名義而並非以官職身份發表。

該事件觸及了一個重要的政治問題：公務員能否以個人名義發表政治言論？在2004年6月9日的立法會會議上，李華明議員就此提出疑問。概括而言，李華明的問題有三點：（1）有否評估該位官員的有關做法有否抵觸公務員須保持政治中立的原則？若評估結果為沒有，理據是什麼？（2）現行的公務員規例及守則如何界定及規管公務員在哪些情況下，可公開發表具職銜的政治評論文章？紀律部隊人員所受的規管是否較嚴格？以及（3）當局有何具體措施，確保公務員在處理公務時不會受其本身的政治立場影響、他們不會被上級要求就政治議題表態，以及同類事件不會再次發生？

　　時任公務員事務局局長王永平對李華明的問題進行了口頭答覆。在回答問題前，王永平首先解釋了公務員的「政治中立」原則。他指出，公務員政治中立的原則，包括以下主要元素：（1）公務員的政治中立，建基於效忠政府的責任；（2）所有公務員應對在任的行政長官和主要官員盡忠；（3）公務員必須衡量各項政策方案的影響，在政策制訂過程中坦誠而清晰地提出意見；（4）在政府作出決定後，不論個人立場如何，公務員應全力支持，把決定付諸實行，並且不應公開發表個人意見；以及（5）公務員應協助主要官員解釋政策，爭取立法會和市民大眾的支持。

　　根據上述「政治中立」定義，王永平對李華明提出的三個問題作出了答覆。

　　第一，針對該公務員公開發表政治評論的行為是否違背「政治中立」原則，王永平指出，該文章沒有附上有關人員的職銜，亦沒有表示這文章是代表政府或入境處的立場，因此，整體而言，有關人員並無牴觸公務員政治中立的原則。

　　第二，針對公務員在何種情況下可以公開發表政治評論，王永平表示，所有公務員在執行職務或出席與公職有關的活動，並在獲得有關部門授權或同意的情況下，可以其職銜發表文章或演說。

　　第三，針對如何確保公務員在執行公務時免受自身或上級政治立場的影響，王永平表示，公務員事務局在2002年6月發出通告第8/2002號，詳細說明了公務員必須恪守的原則和信念，包括：（1）堅守法治；（2）守正忘私；（3）

對在履行公職時所作的決定和行動負責;(4)政治中立;(5)在執行公務時不偏不倚;(6)全心全意、竭盡所能,以專業精神服務市民。所有公務員都有責任遵守通告內的基本信念和行為準則。

在對一些議員的補充提問的答覆中,王永平進一步解釋了公務員的「政治中立」與言論自由之間的關係。他認為,公務員的「政治中立」原則是保障公務員可以不偏不倚地服務市民。因此,政府如已提出了明確的政策的時候,有關公務員是完全可以在其有關的範疇,以其職銜發表意見及文章以表示認同政府的政策。除此之外,公務員作為一般的市民亦有個人基本言論自由的權利,「政治中立」原則絕對不是要剝奪公務員個人的言論自由。

王永平時任特區政府公務員事務局局長,他的答覆可以被視為特區政府在此問題上的官方意見。這一意見日後亦被多次引用。以此事件為契機,特區政府為公務員發表政治言論確立了基本規範。[24]

3. 限制參與政黨活動

《通告》對公務員「政治中立」的規定,集中於公務員對在任政府的忠誠。相比之下,《公務員守則》對此提出了更高的要求,保留「效忠政府」的同時,將限制公務員參與政黨活動和政治活動也納入了「政治中立」的範疇,尤

24　公務員事務局:《立法會四題:公務員保持政治中立的原則》,2004年6月9日,https://www.csb.gov.hk/tc_chi/info/1672.html。

其是強調對公務員參與政黨活動的限制。概括而言，對公務員參與政黨活動的限制主要包含兩方面。

第一，對公務員以公職身份參與政黨活動的限制。公務員在履行公職時（包括提供意見、作出決定或採取行動），不得受本身的黨派政治聯繫或黨派政治信念所支配或影響。公務員不得以公職身份參與黨派的政治活動，亦不得把公共資源運用於黨派的政治目的上，例如進行助選活動或為政黨籌款。不過，《公務員守則》特別指出，公務員應邀出席由政黨舉辦純屬酬酢性質的社交活動，不會被視為參與黨派政治活動；在處理這些活動的邀請時，公務員須遵守「不偏不倚」原則。[25] 他們亦須遵守當時適用的有關公務員參與政治活動的規則和規例。

第二，對公務員以私人身份參與政黨活動的限制。公務員以私人身份加入政黨或參與政黨活動時，必須遵守當時適用於公務員隊伍的相關規例、規則和指引。他們須避免參與可能引致與公職身份或職務和職責有實際、觀感上或潛在利益衝突，或可能引致出現偏私情況的政黨活動。他們亦須確保以私人身份參與政黨活動，不會令政府尷尬，或損害或可能令人有理由認為有損其在公職上處事不偏不倚和政治中立的形象。他們必須遵守一切就參與政黨及／或助選活動所訂下的規限。[26]

---

25 根據《公務員守則》，所謂「不偏不倚」，指的是「公務員須按在任政府的政策和決定，以公正持平的態度履行職務和職責，並須按個案的實際情況，採取適當行動」。

26 公務員事務局：《公務員守則》，3.7－3.8。

4. 限制參與選舉活動

香港公務員也是香港市民，也享有公民的基本政治權利，如選舉權和被選舉權。根據公務員事務局於 2008 年 2 月發佈的通告《公務員參選和參與助選活動》，特區政府在制定公務員參選和參與助選活動的政策方面的指導原則是，一方面要讓公務員享有市民應有的公民和政治權利，另一方面要保持公務員隊伍公正無私，避免出現實際或潛在的利益衝突，並力求在政治權利和「政治中立」之間取得平衡。[27]

《行政長官選舉條例》（香港法例第 569 章）、《立法會條例》（香港法例第 542 章）及《區議會條例》（香港法例第 547 章）分別規定，公務員不符合獲提名為行政長官、立法會或區議會選舉候選人的資格。根據有關法例，他們亦不符合獲選為立法會或區議會民選議員的資格。公務員如擬競逐行政長官、立法會或區議會議席，必須退休（如年齡符合條件的話）或辭職，以脫離公務員隊伍。[28]

除上述法律限制外，特區政府原則上不反對公務員在實際服務期內或離職前休假期間，以個人身份：（1）參與全國人民代表大會港區代表的選舉會議及／或競選港區全國人大代表；（2）作為候選人參加行政長官選舉委員會選舉和村代表選舉；以及（3）在當選後擔任上述有關職位。但他們在參與有關活動時，不可引致實際或潛在的利益衝

27　公務員事務局：《公務員參選和參與助選活動》，2。

28　公務員事務局：《公務員守則》，3.9。

突，並須遵守所有相關的公務員規則及規例。

此外，特區政府原則上不反對公務員在實際服務期內或離職前休假期間，以個人身份參與各項選舉（包括行政長官／立法會／區議會選舉）的助選活動，但他們在參與有關活動時，不可引致實際或潛在的利益衝突，並須遵守所有相關的公務員規則及規例。指引訂明，與香港有關的助選活動包括參與簽名運動或公眾集會、派發政治印刷品、公開發言支持政治組織、公開宣傳或鼓吹政見或候選人的競選政綱，以及為政治組織進行拉票或競選活動等。

不過，特區政府雖然不反對公務員在沒有利益衝突的情況下參與選舉活動，但有四個組別的公務員（下稱「受限制組別」）由於本身職務及職責的性質，在參與某些選舉／助選活動方面一般受到較大的限制。他們是首長級人員、政務主任、新聞主任，以及香港警務處所有紀律人員。署理以待實任這些職系和職級的公務員也包括在受限制組別內。

在 2008 年 1 月 2 日前，受限制組別的公務員（不論是在實際服務期內或離職前休假期間）包括：（1）不得競選作為全國人大港區代表及成為全國人大港區代表的選舉會議成員；（2）不得參與行政長官選舉委員會選舉、行政長官選舉、立法會選舉和區議會選舉；（3）不得參與上文（1）及（2）段所提及的選舉的助選活動；以及（4）如欲參與村代表選舉及有關助選活動，須按個別情況向公務員事務局局長申請特別批准，而在申請獲批前不得參與有關的選舉／助選活動。

不過，根據上文所述的指導原則，以及自回歸以來香港的情況，特區政府亦檢討了對受限制組別適用的限制。特區政府認為，有理據略為修改有關參與與全國人大有關的選舉和助選活動的限制，而其他限制則維持不變。

由 2008 年 1 月 2 日起，屬於受限制組別的公務員如正在放取離職前休假，可按個別情況向公務員事務局局長申請，要求獲准以個人身份參與全國人大港區代表的競選或助選活動和全國人大港區代表選舉會議。為此，當局已訂有一些特定條件及保障措施，包括：（1）必須確定申請人申請參與與全國人大有關的選舉及／或助選活動時，正放取離職前休假；（2）相關的常任秘書長／部門首長／職系首長已表明，准許申請人參與與全國人大有關的選舉及／或助選活動，與該員以前處理的公務不會有任何利益衝突；以及（3）待公務員事務局局長批准後，申請人須遵守《官方機密條例》（第 521 章）、所有相關的公務員事務規例及通告所載有關外間工作或活動和公務員與外界通訊的規定，以及不得作出可能損害公務員隊伍良好聲譽或令人質疑公務員隊伍是否公正無私的行為。[29]

（四）公務員與政治委任官員的關係

自主要官員問責制實施以來，公務員必須退休（如年

29　公務員事務局：《公務員參選和參與助選活動》，5－10。

齡符合條件的話）或辭職，待脫離公務員隊伍後，才可出
任政治委任官員。《公務員守則》對此作出了嚴格規定。
唯一的例外情況，是該名公務員獲委聘為公務員事務局局
長。根據現行安排，按政治委任制度出任公務員事務局局
長一職者，須從在職公務員中挑選。他無須辭職或退休以
脫離公務員隊伍，即可出任該職位。倘年齡符合條件，他
在離任公務員事務局局長一職後，可重返公務員隊伍。[30] 此
外，《公務員守則》還對公務員與政治委任官員的關係作出
了明確規定。

1. 公務員與政治委任官員共事時的角色和職責

第一，公務員有責任協助政治委任官員制定政策。他
們須遵從在任政府的決定和主要官員的指示，負責推行政
策、執行行政工作、提供和管理公共服務，以及履行執法
和規管的職能。決策局的常任秘書長是公務員隊伍中的最
高層人員，須就轄下決策局的運作及其職能所涉及的各個
政策範疇的事務向其局長負責。出任部門或辦事處首長的
公務員，須就其管轄的部門或辦事處的運作，通過相關常
任秘書長（若適用）向主要官員負責。[31]

第二，公務員，尤其是較高層的公務員，負責擬訂政
策方案或建議，並通過精密思考和客觀研究，以其專業知
識和專長，全面評估這些方案或建議的影響，包括對財政

30　公務員事務局：《公務員守則》，3.10。

31　同上，5.5。

和人手的影響，以及就採取某個方案或某項行動與否可能產生的後果提供意見和分析。如有需要，公務員須出席行政會議，協助政治委任官員解釋提議的政策措施或政府政策。如有需要，他們須協助政治委任官員向立法會、區議會、社會人士、持份者、政黨、傳媒等，介紹和闡釋政府提議的政策措施或政府政策。如有需要，他們也須協助政治委任官員闡明理據，尋求立法會批撥所需款項和其他資源。[32]

第三，當在任政府作出政策和行動決定後，不論個人意見如何，公務員必須全心全力支持，執行有關的決定。公務員在參與公開辯論或討論公共事務的場合，或在這些場合發表意見，須確保其言行與在任政府的政策及決定一致，並且與其公職相稱。他們不可試圖妨礙或阻撓政治委任官員所制定的政策或作出的決定，也不可延誤該等政策和決定的執行。公務員應保密處理他們或其他公務員曾向政治委任官員提供的建議及意見，並不可就政府或個別政治委任官員已提出的政策建議或已決定的政策，向公眾提出其他方案。[33]

第四，擔任管制人員的公務員，有責任確保政治委任官員在妥善財政安排和遵循相關規定的所有有關事項，以至較宏觀方面的考慮，包括審慎而合乎經濟原則的管理、

32　同上，5.6。

33　同上，5.7。

效率與效能、衡工量值等，均獲得適當的意見。[34]

　　第五，良好的工作關係和互相信任的基礎，是確保政治委任官員和公務員能有效地各司其職的關鍵。公務員必須與政治委任官員建立有效夥伴關係。[35]

2. 公務員與政治委任官員的關係

　　第一，公務員必須廉潔守正，並竭盡所能為在任政府服務。他們必須遵從主要官員的指令和所訂的工作優先次序。無論他們的意見與政治委任官員的看法是否相同，他們必須無畏無私地向政治委任官員提供周詳、坦誠和持平的意見。為維持公務員的誠信及專業，他們應致力向政治委任官員提供他們認為最佳的意見，以及所掌握到的一切有關資料。公務員必須以夥伴精神與政治委任官員通力合作，促進彼此間的互信。[36]

　　第二，根據《政治委任制度官員守則》，政治委任官員必須時刻積極維護並推廣一支常設、誠實、用人唯才、專業和政治中立的公務員隊伍，尤其是貫徹上文第 2 節所載的公務員隊伍的基本信念。他們與公務員就公務往來時，必須顧及《公務員守則》的各項規定。[37]

　　第三，常任秘書長及為主要官員提供直接支援的公務

34　同上，5.8。

35　同上，5.9。

36　同上，6.1。

37　同上，6.2。

員，可以不受限制地直接請示主要官員。在一般情況下，其他公務員經由常任秘書長向主要官員請示。他們也可以視乎情況所需，直接請示主要官員，而有關溝通內容，須盡可能知會常任秘書長及從屬架構中的相關公務員主管。[38]

第四，副局長可代表其局長向公務員傳達局長的意見和工作優先次序；要求公務員預備和提供資料及數據，包括內部分析及檔案；以及與公務員開會討論向局長提交的意見。政治助理可代表主要官員或副局長要求公務員預備和提供資料及數據。副局長須被密切知會有關其決策局的政策事宜，特別是具政治敏感性或可能涉及立法會的事宜。這類工作接觸是基於夥伴合作精神進行，並不構成亦不應被視為構成副局長／政治助理與公務員之間有從屬關係。[39]

第五，決策局常任秘書長向其局長直接負責，他們的工作表現也由其局長評核，副局長與常任秘書長之間沒有從屬關係。惟副局長代理局長的職責期間，則作別論，在該等情況下，有關的常任秘書長須向副局長（如有的話）負責。如沒有副局長（例如職位未填補），或有關副局長也暫時缺勤，或行政長官沒有指示另一位主要官員執行缺勤局長的職務，則有關的常任秘書長須在有需要時及可行的情況下，知會缺勤的局長該局的運作情況和徵詢其意見或向其作出報告。有需要時，常任秘書長也應徵詢政務司司

---

38 同上，6.3。

39 同上，6.4。

長或財政司司長的意見，以及尋求有關司長的指示。這樣
做的話，有關的常任秘書長是以公務員身份履行其角色和
職責，而無須承擔政治問責。[40]

第六，獲委派為主要官員提供支援的公務員（例如政
務助理、新聞秘書、私人秘書、司機），以及獲委派為其他
政治委任官員提供支援的公務員（例如私人秘書），須直接
向有關的政治委任官員負責，並由他們評核其工作表現。
如有需要，常任秘書長或其他高層公務員可就有關人員工
作表現的評核，提供意見。[41]

第七，除上文所述公務員外，其他公務員均向公務員
隊伍中的上司直接負責，其工作表現也由公務員隊伍中的
上司評核。至於與副局長一起緊密工作的公務員，其公務
員隊伍中的上司可徵詢副局長的意見，以確保對有關公務
員作出全面和多角度的評核。這個做法，並不構成亦不應
被視為構成副局長與有關公務員之間有從屬關係，而公務
員隊伍中的上司仍對有關公務員的工作表現評核有最終決
定權。[42]

第八，除公務員事務局局長（負責管理公務員隊伍）
和律政司司長（負責以職系首長身份管理政府律師職系）
外，政治委任官員一般不涉及與公務員仕途有關的事宜，
例如聘任、晉升及紀律事宜。[43]

40　同上，6.5。
41　同上，6.6。
42　同上，6.7。
43　同上，6.8。

第四節　　香港公務員「政治中立」原則的主要問題

香港公務員的「政治中立」產生了良好的制度效果。自引入政治委任制度以來，特區政府分隔了「行政」和「政治」兩個系統，公務員成為區別於政治委任官員的一支相對獨立的管治力量。然而，很多政治委任官員都是通過「旋轉門」制度進入政界，缺少政治經驗，不熟悉政府運作和管治工作，因此對政治委任官員的支援就顯得尤為重要。

公務員的「政治中立」，使公務員隊伍可免受政府換班和政治問責的影響，沒有後顧之憂地為任何在任政府服務。這一制度設計，不僅有利於維護基本的政治穩定，更重要的是可以使行政經驗豐富的公務員為政治委任官員提供支援，從而保證政策的質素和延續性，提高政府施政能力，增強政府認受性。然而，香港公務員的「政治中立」亦存在以下不可迴避的問題。

（一）缺乏「一國兩制」論述

香港回歸祖國已經二十五年，在「一國兩制」之下，香港的政治、經濟和社會都發生了明顯的結構性變化。然而，關於公務員「政治中立」的規範性文件，一般只提及基本法，而缺乏闡述「一國兩制」的內容。

《公務員守則》規定，公務員應恪守八大基本信念，分別是堅守法治、誠實可信、廉潔守正、行事客觀、不偏不倚、政治中立、對所作決定和行動負責、盡忠職守、專業

勤奮。[44] 在對「堅守法治」的闡述中，《公務員守則》僅僅規定，「公務員必須維護法治和司法公正。他們在行使行政權力時，須遵循基本法和香港法例」，[45] 並沒有明確提及憲法和「一國兩制」。

　　要理解這一問題，必須理解香港公務員制度的沿革。事實上，香港回歸祖國以後，特區政府雖然引入了政治委任制度，但並沒有對公務員制度進行大規模改革。香港的公務員隊伍基本沿襲了港英時期的制度架構，包括其「政治中立」原則亦沒有超出港英時期的理解。主要原因有二。

　　第一，香港回歸前，為了保證香港的平穩過渡和繁榮穩定，中央決定維持其原有的資本主義制度和生活方式「五十年不變」。這一方針被寫入了基本法。基本法第 5 條規定，「香港特別行政區不實行社會主義制度和政策，保持原有的資本主義制度和生活方式，五十年不變」。在此背景下，香港原有的大部分法律亦得到了保留和繼續適用。基本法第 8 條即規定，「香港原有法律，即普通法、衡平法、條例、附屬立法和習慣法，除同本法相抵觸或經香港特別行政區的立法機關作出修改者外，予以保留」。因此，特區政府對公務員「政治中立」的規定，基本上沿襲了港英時期的做法。

　　第二，在港英時代，港督領導的公務員隊伍是香港管治的主要力量。金耀基認為，在港英時期，「香港的真正的

44　同上，2.2。

45　同上，3.2。

統治權是落在一個龐大的現代化的文官系統手中的。從比較的尺度來說,香港的行政體系是有很高的法治精神和專業水準的」。[46] 有鑑於此,在回歸前後,中央與香港社會都將維護公務員士氣,視為保證平穩過渡的一個重要條件。[47] 此外,香港公務員隊伍本身的質素與專業化,亦使其被普遍視為特區政治人才的一個主要來源。因此,在基本法的制定過程中,中央與香港社會皆高度重視公務員士氣問題。基本法確立的特區政府架構大體保留了香港原有的公務員制度,尤其是以培養「管理通才」為宗旨的政務職系。

正如很多人所指出的那樣,「速凍式回歸」是不可能的。香港回歸以後,面臨着一系列根本的結構性變遷。香港的憲制地位有了根本的改變,由受英國殖民管治的地區,轉變為中華人民共和國主權下的特別行政區。港英時期管治香港及管理香港公務員隊伍的憲制性文件《英皇制誥》和《皇室訓令》,已被憲法和基本法取代。香港的政治及社會環境與港英時期相比也有了很大不同。今天再討論香港公務員的「政治中立」,不應忽視這些變化了的元素。

然而,由於特區政府對公務員「政治中立」的規定沿襲自港英時期的理解,缺少對「一國兩制」的論述,使得香港公務員隊伍難以完全適應回歸祖國以後的新政治秩

---

46 金耀基:〈行政吸納政治:香港的政治模式〉(1975),《中國政治與文化》(增訂版),頁 242。

47 據已故香港政界人士李鵬飛回憶,回歸之前,「在中方眼中,公務員穩定及整個政府平穩過渡高於一切,甚至比任何政治人物更重要,每次我去北京,他們都問我關於公務員的問題」。李鵬飛:《風雨三十年——李鵬飛回憶錄》,頁 85。

序。例如，香港公務員「政治中立」的邊界在哪裏？在國家主權問題上，公務員是否可以保持「政治中立」？有人認為，公務員的「政治中立」應以愛國愛港為前提，「在愛國愛港問題上，不存在中立不中立」，「落實基本法的問題上也不存在中立與否，公務員不能只落實他喜歡的那條基本法條文，不喜歡的就以政治中立作藉口」。[48]

在此背景下，如何在「一國兩制」的憲制結構內，為香港公務員的「政治中立」劃定邊界，使其適應回歸以後的新政治秩序，就成為一個不可迴避的問題。這一問題如不妥善處理，不僅會損害公務員隊伍的士氣，更會影響中央與香港特區的關係。

（二）「政治活動」界定不夠與時俱進

公務員「政治中立」原則的一個重要內容，是限制公務員參與政治活動。在香港公務員「政治中立」的過往實踐中，「政治活動」主要包括三方面內容，即政治言論、政黨活動和選舉活動。然而，關於限制公務員參與政治活動的一系列規範性文件，如《公務員守則》和《公務員參選和參與助選活動》等，大多公佈於 2010 年以前，並沒有隨社會變遷，尤其是社交網絡的流行與「去中心化」動員模式的興起，而作出相應調整。

48　〈公僕否認 遭北京訓示〉，《星島日報》，2003 年 10 月 15 日。

　　首先，以前對公務員發表政治言論的限制，主要針對的是電視、報刊、廣播等傳統的平面媒體。然而，由於社交網絡的普遍流行，以及新媒體的興起，傳統對政治言論的定義已經被改變。例如，公務員在臉書（Facebook）、微信（WeChat）等社交媒體或社交軟件的群組內，公開發表政治言論，包括轉發一些表達政治意見的圖片，是否有違「政治中立」原則，就成為一個值得商榷的問題。

　　其次，以往香港的「政治組織」，主要指根據《公司條例》或《社團條例》登記註冊的政黨或社團。然而，近年來，隨着社交網絡的興起，網友開始建立針對某個政治議題的群組，招收組員，並號召參加集體群眾活動，包括遊行示威甚至衝擊政府機關。這些虛擬的「組織」由數量龐大、互不相識的網友組成，他們積極參與網絡動員的討論和行動，由此形成一種「去中心化」的社會動員模式。公務員參與這些政治議題相關「群組」的活動，乃至在社交是否有違「政治中立」原則，同樣是一個值得商榷的問題。

　　總體而言，社交網絡的匿名性、個人性、即時性和隨意性，為特區管治帶來了重大挑戰，如何重新界定「政治活動」，使公務員的「政治中立」適應社會變遷的要求，就成為一個不可迴避的問題。否則，特區政府將難以有效管理公務員隊伍，其施政能力亦遭受削弱。

（三）政治委任官員與公務員之間的關係有待調整

　　長期以來，政治委任官員與公務員之間的關係和問責

制度與公務員系統之間的關係都是香港行政制度中頗受熱議的話題，不少論者認為政務官（Administrative Officer, AO）可以對政治委任官員做到水潑不進、針插不入，甚至有論者指「港人治港」變質為「港官治港」、「AO治港」。曾為時任行政長官梁振英所延攬、擔任行政長官辦公室新聞統籌專員的馮煒光就稱，藉由《公務員守則》的相關規定，政務官在問責制中設了五道「伏」。[49]

第一，政治委任官員更多的是公務員的夥伴而非上司。《公務員守則》第 5.9 條載明，「公務員必須與政治委任官員建立有效夥伴關係。」[50] 第 6.1 條重申：「公務員必須以夥伴精神與政治委任官員通力合作，促進彼此間的互信。」[51] 整體而言，《公務員守則》沒有凸顯政治委任官員與公務員的「上下級從屬關係」，意味着政治委任官員或需用自己的 AO 履歷來樹立自己在公務員群體中的權威。[52]

第二，局長無權評核、委聘、升遷或紀律公務員。《公務員守則》第 6.7 條列明：「（除常任秘書長及直屬局長的公務員例如秘書、司機），其他公務員均向公務員隊伍中的上司直接負責，其工作表現也由公務員隊伍中的上司評核。」[53] 第 6.8 條更寫明，「除公務員事務局局長（負責管

49　馮煒光：〈「國中之國」──香港的 AO 黨〉，點新聞，2021 年 5 月 22 日，https://www.dotdotnews.com/a/202105/22/AP60a8e021e4b0dcb7f69fe84a.html。

50　公務員事務局：《公務員守則》，5.9。

51　同上，6.1。

52　馮煒光：〈「國中之國」──香港的 AO 黨〉。

53　公務員事務局：《公務員守則》，6.7。

理公務員隊伍）和律政司司長（負責以職系首長身份管理政府律師職系）外，政治委任官員一般不涉及與公務員仕途有關的事宜，例如聘任、晉升及紀律事宜。」[54] 即是說，評核、聘任、升遷或紀律公務員的權力，一般不由作為政治委任官員的局長掌控。

至於局長有權評核的決策局常任秘書長，實際上已經是首長甲一級（D8），位於公務員系統的頂端，並無評核壓力和升遷需求。馮煒光認為，「在常任秘書長（D8）的AO眼中，我給你局長面子，表面上聽從你意見調動公僕，其實是因為你的意見和我們AO想法一樣。你若『三分顏色上大紅』，冒犯我們『AO這批天子門生』的潛規則，你一分錢也動不了。頂多調走我呀，笨！但D8級別的公務員只有20名，其他局都在要人，那有這麼多D8給你調。那我這個局總有D6吧，整個政府也合共有15名D6，我升一個D6當D8，你這位『頂心杉』常秘調去『守水塘』吧。嘿！局長大人，請參考第6.8條，公務員『仕途有關事宜』一般與你局長大人無關呢！你想升個聽話的D6上來取代我，『發夢冇咁早』！」[55]

第三，局長財權受限。所有政策局都有一位管制人員，即身為首長甲一級（D8）的常任秘書長。《公務員守則》第5.8條規定，「擔任管制人員的公務員，有責任確保政治委任官員在妥善財政安排和遵循相關規定的所有有關事

54　同上，6.8。

55　馮煒光：〈「國中之國」──香港的AO黨〉。

項，以至較宏觀方面的考慮，包括審慎而合乎經濟原則的管理、效率與效能、衡工量值等，均獲得適當的意見」。[56] 馮煒光則指，「文字上是『意見』，實際上是『箍』實你局長。因為你局長不是管制人員，你簽字，庫務局不認」。[57]

第四，局長無權直接命令下屬（常秘除外）。《公務員守則》第 6.3 條規定：「在一般情況下，其他公務員經由常任秘書長向主要官員請示。他們也可以視乎情況所需，直接請示主要官員，而有關溝通內容，須盡可能知會常任秘書長及從屬架構中的相關公務員主管。」[58]

第五，局長只是孤家寡人，無人幫忙去指揮公務員（常秘除外）。《公務員守則》指明，「副局長須被密切知會有關其決策局的政策事宜，特別是具政治敏感性或可能涉及立法會的事宜。這類工作接觸是基於夥伴合作精神進行，並不構成亦不應被視為構成副局長 / 政治助理與公務員之間有從屬關係」，[59] 並且「副局長與常任秘書長之間沒有從屬關係」。[60] 在人事關係上，《公務員守則》只認可，在評核與副局長一起緊密工作的公務員時，副局長的意見有被徵詢的必要，但二者亦不具有從屬關係、副局長也無最終決定權：「至於與副局長一起緊密工作的公務員，其公務員隊伍中的上司可徵詢副局長的意見，以確保對有關公務

56　公務員事務局：《公務員守則》，5.8。

57　馮煒光：〈「國中之國」——香港的 AO 黨〉。

58　公務員事務局：《公務員守則》，6.3。

59　同上，6.4。

60　同上，6.5。

員作出全面和多角度的評核。這個做法，並不構成亦不應被視為構成副局長與有關公務員之間有從屬關係，而公務員隊伍中的上司仍對有關公務員的工作表現評核有最終決定權。」[61]

61　同上，6.7。

第五節　香港公務員「政治中立」原則的改革建議

（一）增加「一國兩制」論述

特區政府應修訂《公務員守則》，增加與「一國兩制」相關的內容，明確規定公務員必須擁護憲法和基本法，積極貫徹落實「一國兩制」。換言之，公務員的「政治中立」應當被局限在香港特區本地政治的範疇，不應延伸到與國家主權相關的領域。公務員不得參加任何有違憲法與基本法、危害「一國兩制」的活動。

香港回歸祖國已經二十五年，在「一國兩制」之下，香港的政治、經濟和社會都發生了明顯的結構性變化。然而，在對「堅守法治」的闡述中，現行《公務員守則》僅僅規定，「公務員必須維護法治和司法公正。他們在行使行政權力時，須遵循基本法和香港法例」，並沒有明確提及憲法和「一國兩制」。

香港特別行政區是根據憲法第 31 條設立，而特區實行的制度亦是根據憲法制定，即在三十年前由全國人民代表大會通過並頒佈的基本法，自 1997 年 7 月 1 日起施行。憲法和基本法共同構成香港特區的憲制秩序，訂明香港特別行政區的各種制度，即按照「一個國家，兩種制度」的方針，因此，在任何時候，任何情況，要全面準確貫徹「一國兩制」，須依照憲法和基本法辦事，《公務員守則》也需要增加相關內容。

（二）拓展「政治活動」範疇

特區政府應修訂《公務員守則》和《公務員參選和參與助選活動》等一系列限制公務員參與政治活動的規範性文件，與時俱進地拓展「政治活動」的範疇。特區政府應明確規定，公務員在執行職務期間，不得通過平面媒體、社交媒體和其他網絡平台公開發表政治言論，亦不得參與政黨、政治性社團及網絡平台的活動。

如上所述，在香港公務員「政治中立」的過往實踐中，「政治活動」主要包括三方面內容，即政治言論、政黨活動和選舉活動。然而，關於限制公務員參與政治活動的一系列規範性文件，如《公務員守則》和《公務員參選和參與助選活動》等，大多公佈於 2010 年以前，並沒有隨社會變遷，尤其是社交網絡的流行與「去中心化」動員模式的興起，而作出相應調整。一方面，由於社交網絡的普遍流行，以及新媒體的興起，對政治言論的傳統定義已經被改變；另一方面，隨着社交網絡的興起，某個或若干政治議題的虛擬群組可以招收組員並號召參加集體群眾活動，包括遊行示威甚至衝擊政府機關，形成一種「去中心化」的社會動員模式，很大程度上體現了政黨活動和選舉活動的部分功能。

總體而言，社交網絡的匿名性、個人性、即時性和隨意性，為特區管治帶來了重大挑戰，如何重新界定「政治活動」，使公務員的「政治中立」適應社會變遷的要求，就成為一個不可迴避的問題。否則，特區政府將難以有效管

理公務員隊伍，其施政能力亦遭受削弱。

（三）理順政治委任官員與公務員之間的關係

特區政府可考慮修訂《政治委任制度官員守則》與《公務員守則》，進一步調整政治委任官員與公務員之間的結構性關係。

第一，刪除公務員與副局長、政治助理之間沒有「從屬關係」的規定，使副局長與政治助理能夠在各自所負責的「政治工作」範疇內，對相應級別的公務員進行領導。

第二，重新定義「政治中立」原則，明確澄清「政治中立」並不是說公務員應當避免協助政治官員完成「政治工作」，而是說公務員無論持有何種政治理念，都應當忠實地執行政治官員的決策。

這兩點修訂，有利於釐清政治委任官員與公務員之間的「條塊關係」。一方面，建立起自上而下的垂直管理關係。行政長官可以借助政治委任官員，而實現對公務員的全面領導。另一方面，建立起決策局內部的平行管理關係，即在特定「政治工作」的範疇內，政治委任官員應對相應級別的公務員進行領導。如此一來，可以通過「條塊結合」的管理模式，盡可能理順政治委任官員與公務員之間的結構性關係，使行政長官及政治委任官員與公務員做到分工明確、緊密合作，共同提高特區政府的管治能力，確保施政平穩有效。

第 四 章

「一國兩制」實踐與香港青年：挑戰及回應

第一節　導論

代際更替是人類社會的自然現象,現在的青年將成為未來社會的主人。因此,在世界各國家和地區的政治議程中,青年問題,尤其是青年的培育和發展問題,一直有相當高的優先級。正如《管子‧權修》所說,「一年之計,莫如樹穀;十年之計,莫如樹木;終身之計,莫如樹人。一樹一獲者,穀也;一樹十獲者,木也;一樹百獲者,人也。我苟種之,如神用之,舉事如神,唯王之門。」

然而,儘管現代國家普遍為青年事務投入了巨大的時間、精力和資源,青年政策的成效卻不容樂觀。近年來,全球政治出現了一個明顯特徵,就是青年開始更積極地參與政治,乃至成為社會運動的主要力量,以青年為主體的社會運動也開始在全球迅速蔓延。例如,2011 年,紐約爆發了「佔領華爾街」運動,並散播到倫敦等城市;2014 年,台北爆發「太陽花運動」,立法院被示威學生佔領;2015 年,日本學生在東京發動大規模示威,反對政府重新解釋憲法及通過安保法案。

青年運動頻發的政治氣候亦蔓延到香港。自 2012 年的「反國民教育」風波以來,香港青年逐漸成為社會運動的「急先鋒」,他們頻繁地走上街頭,並通過各種方式表達他

們的不滿。從 2014 年的非法「佔中」運動，到 2016 年的「旺角騷亂」，再到 2019 年的「修例風波」，香港青年運動朝着愈來愈激進的方向發展，由此極大地加劇了香港社會的對立情緒，造成了嚴重的社會撕裂和社會動蕩。

此外，調查顯示，不少香港青年對香港經濟、政府管治及社會民生方面的狀況，均傾向負面觀感。2016 年，香港青年協會青年研究中心成立的青年創研庫發佈《「年輕一代為何出現悲觀情緒」研究報告》。該研究訪問了 522 名介乎 15 到 34 歲的青年，結果顯示受訪者對特區政府的施政表現滿意度只有 4.59 分（滿分為 10 分），而對於政府聆聽市民意見的平均分只有 4.35 分。有 23.7% 受訪者表示，個人對政府施政沒有影響力，反映出部分青年面對社會時的無力感。[1] 香港中文大學香港亞太研究所生活質素研究中心發佈的 2015/16 年度《港鐵與中大青年生活質素指數調查》亦體現了這一問題。該調查顯示，香港青年對社會、經濟、政治及整體生活滿意程度均下跌，而整體青年生活質素指數更比上年度下跌多達 0.62 點。[2]

青年是國家和社會的未來。對於「一國兩制」和香港管治而言，青年是香港社會中的重要組成部分、是香港市

1　青年創研庫（2016）：《「年輕一代為何出現悲觀情緒」研究報告》，http://yre.hkfyg.org.hk/files/yrc/youth%20IDEAS/Society_Livelihood/YouthIDEAS010_What%20Makes%20Young%20People%20Feel%20Negative/Y1010SL_PressRelease.pdf。

2　香港中文大學香港亞太研究所生活質素研究中心（2016）：《港鐵與中大青年生活質素指數》，https://www.cuhk.edu.hk/hkiaps/qol/sources/YQOL/PR_YQOL_2016_Chi.pdf。

民不可或缺的一員，青年事務亦是一個相當重要的內容。以習近平為核心的黨中央一直高度重視香港青年。2017 年中共中央總書記、國家主席、中央軍委主席習近平視察香港期間，要求香港社會各界人士帶頭關心青年，幫助青年解決實際問題，為青年成長成才創造良好條件，使愛國愛港光榮傳統薪火相傳，使「一國兩制」事業後繼有人。[3] 在出席慶祝香港回歸祖國 20 周年大會暨香港特別行政區第五屆政府就職典禮時，習近平主席發表重要講話，指出要加強香港社會特別是公職人員和青少年等憲法和基本法宣傳教育。[4] 他還對第五屆特區政府提出要求，要注重教育、加強引導，着力加強對青少年的愛國主義教育，關心、支持、幫助青少年健康成長。[5] 此次視察香港期間，習近平主席還專程考察香港少年警訊永久活動中心暨青少年綜合訓練營，充分體現了習主席對香港青年的深切關懷。

此外，2019 年 10 月中共十九屆四中全會審議通過的《中共中央關於堅持和完善中國特色社會主義制度、推進國家治理體系和治理能力現代化若干重大問題的決定》中也提出，「加強對香港、澳門社會特別是公職人員和青少年對憲法和基本法教育、國情教育、中國歷史和中華文化教

3　〈習近平會見香港社會各界代表人士〉，新華社，2017 年 6 月 30 日。

4　習近平：《在慶祝香港回歸祖國 20 周年大會暨香港特別行政區第五屆政府就職典禮上的講話》。

5　同上。

育，增強香港、澳門同胞國家意識和愛國精神」。[6]

　　在青年運動頻發的大背景下，為更好地推進「一國兩制」在香港的適應性變革，政、商、學界更應高度重視香港的青年問題。本文即試圖追問兩個問題。第一，香港青年為何如此不滿？換言之，近年來的香港青年運動背後，究竟有哪些深層次原因？第二，香港應如何開展青年事務，才能更好地凝聚青年人心，維護繁榮穩定，從而使「一國兩制」行穩致遠？

6　《中共中央關於堅持和完善中國特色社會主義制度、推進國家治理體系和治理能力現代化若干重大問題的決定》。

第二節　透視香港青年不滿的根源

　　青年問題的關鍵，是青年的幸福感。青年問題之所以複雜，根源在於，幸福感是一種主觀感受，它不僅與青年的社會經濟地位有關，而且更涉及到青年對人生意義的理解，以及對自我、他人與社會的認知。換言之，社會經濟問題只是青年問題的一個面向，而不是其全部。

　　概括而言，青年的幸福感可以分為兩類，即物質幸福感和精神幸福感。物質幸福感比較簡單，它與青年現在或未來的社會經濟地位有關，主要指標包括就業機會、工資水準、晉升前景等。精神幸福感則難以量化，因為其主要與意識形態相關。換言之，如果青年認為，他們所珍視的價值——如自由、公正和人權——得到了維護，他們的身份認同得到了尊重，他們的精神幸福感就會提高。反之，青年的精神幸福感就會減弱。

　　為了更好地了解香港青年的心態，我們進行了一系列深度田野調查。我們在 2019 年下半年組織了 10 次訪談，訪談了 40 名香港青年。受訪者年齡介於 18 至 23 歲之間，大多有專上教育背景，少數是中學生。

　　因話題有一定敏感性，為確保受訪者有安全感並因此能夠暢所欲言，研究人員並未記錄其他個人資料。由於時間、能力有限，研究人員採用雪球採樣與自願採樣相結合的方式招募受訪者。雪球採樣有助於在研究人員與受訪者之間建立互信，自願採樣方便找到積極的受訪者，但兩種方法也都容易使研究受到群體性偏見的影響。就本章而

言，需要注意的是，最後的受訪者以持「泛民主派」立場的（一般被香港社會稱為所謂「黃絲」）大學生為主，故而其他年齡階段、教育背景和政治立場的香港年輕人對社會不滿的原因還需要進一步的調查研究。

（一）社會經濟原因

香港是一個發達的資本主義經濟體，一般的生活需求較容易被滿足。然而，長遠來看，青年在就業和置業兩方面依然面臨較大困難，由此刺激了不滿情緒在青年群體中滋生和蔓延。

1. 就業問題

導致香港青年不滿的第一個物質因素是就業問題。

上世紀七八十年代，香港經濟迅速起飛，就業市場相當繁榮。然而，1997 年以後，經過亞洲金融風暴、沙士（SARS）疫情及金融海嘯的衝擊，香港經濟進入較長時間的結構調整過程。到目前為止，香港經濟增長幾乎只能靠傳統服務業來支持，缺乏多元性，且極易受外圍經濟環境的影響，而新興產業如創新科技產業卻遲遲無法完全發展起來，缺乏新的經濟成長動力。著名商人謝清海於 2019 年 7 月表示，當前香港經濟由卡特爾主導，「在目前的制度下，很大部分的香港人感受不到經濟及社會發展的成果」。在此背景下，香港的就業市場開始出現萎縮。這使得香港青年普遍面臨兩方面的就業問題。

　　第一，就業機會不足。根據香港特區政府統計處資料顯示，在 2016 年，15 至 19 歲及 20 至 29 歲這兩個年齡組別的失業率分別為 13.8% 和 5%，當中 15 至 19 歲的失業率更為各年齡組別中最高。由此可見，離開中學後選擇就業的青年所面臨的就業困難最為嚴重。他們學歷較低，欠缺工作經驗和專業技能，難以覓得一份全職工作。此外，即使是擁有專上學歷的青年，也面臨不同類型的困境。有報道指出，2016 年 4 至 6 月間，20 至 24 歲青年失業率為 10.4%。有受訪者指出，在經濟不景氣的情況下，很多僱主會傾向於聘用有經驗的員工，而不是剛畢業的職場「素人」，這進一步增加了就業難度。還有受訪者表示，當今具專上教育程度的青年，每月收入中位數與 1997 年的中位數相若，在物價飛漲的情況下，日常生活支出不斷增加，很多青年入不敷出，喪失希望，很難對人生作出長遠規劃。

　　在就業困難的情況下，不少香港青年面臨嚴重的貧困問題。香港是一個高度發達的資本主義經濟體，但由於在經濟上長期實行自由放任政策，導致香港成為全球貧富差距最大的地區之一。樂施會 2018 年公佈的《香港不平等報告》顯示，「從 2006 年至 2016 年的 10 年間，香港的原住戶（不包括新移民）收入的堅尼系數由 2006 年的 0.533 上升至 2016 年的 0.539，成為 45 年新高，對比其他已發展經濟體（如新加坡 0.356、美國 0.391、英國 0.351、澳洲 0.337 及加拿大 0.318），情況非常惡劣；香港最富裕的 10% 住戶和最貧窮的 10% 住戶收入差距，10 年間從 34 倍上升至 44 倍……現時有近 21 萬人蝸居於劏房，在接近『全民就業』

的情況下，在職貧窮人口仍然高達 92 萬」。[7]

　　特區政府發佈的《2018 年香港貧窮情況報告》顯示，政策介入前，2018 年 18 至 29 歲青年貧窮率為 12.6%，較 2015 年的 11.9% 低位高 0.7 個百分點；恆常現金政策介入後，2018 年青年貧窮率為 9.3%，連續三年上升，貧窮人口為 90,100 人，佔整體貧窮人口 8.8%。[8] 由此可見，貧窮青年已經成為一個不可忽視的社會群體。一些不滿的貧窮青年，懷着「失無可失」（has nothing to lose）的心態，加入了社會運動中最激進的「攬炒派」——所謂「攬炒」，即同歸於盡之意。

　　第二，就業範疇狹窄。香港經濟有四大傳統的「支柱產業」，分別是金融服務、貿易及物流、旅遊、專業及工商業支援服務。這四個主要行業帶動其他行業的發展，並且創造就業，是香港經濟的主要動力。2017 年，這四大行業佔據香港本地生產總值的 57.1%，僱用了勞動人口的 46.6%。此外，由於香港政府長期實行自由放任的經濟政策和土地制度，導致地產商成為香港經濟中最重要的壟斷性力量。

7　香港樂施會（2018）：《香港不平等報告》，https://www.oxfam.org.hk/tc/f/news_and_publication/16372/ 樂施會 2017 年香港不平等報告 _Chi_FINAL.pdf。

8　香港特別行政區政府（2019）：《2018 年香港貧窮情況報告》，https://www.povertyrelief.gov.hk/chi/pdf/Hong_Kong_Poverty_Situation_Report_2018(2019.12.13).pdf。2013 年，香港特區政府首次設立官方貧窮線，訂在住戶收入中位數的 50%。

　　在這樣的經濟結構下，大部分經濟利益落入了四大支柱產業及相關利益集團的口袋。因此，學生必須根據職業前景選擇專業，而很多人只能被迫學習自己幾乎毫無興趣的學科。根據香港專上院校的錄取統計數字，最優秀的學生大多選擇了醫學、法律、商科等實用性專業，因為這些行業的薪酬水準最高，社會聲望最好。一位受訪者透露，出於現實的考慮，她決定放棄去香港演藝學院學習中國樂器，而是在香港大學攻讀護理專業。這位受訪者的故事，激起了很多在場受訪者的共鳴，可見其並非個案。此外，大量畢業生蜂擁而至，爭取少數行業的有限職位，導致了嚴重的人才飽和乃至人才過剩問題。不少受訪者指出，激烈的競爭壓低了青年的工資水準，阻礙了行業的向上流動，因此，很多青年無法實現個人的自我價值。[9]

　　必須指出，香港人才同質化的負面影響，並不只局限於單純的社會經濟領域。香港有大量專業人士，但卻缺乏政治、科學、藝術等領域的人才。從長遠來看，這並不利於香港的發展，也與香港作為一個中西交匯的國際大都市的地位不相稱。一位曾在本地博物館實習的受訪者表示，由於缺乏人才和專業知識，香港在文物管理和博物館運營方面，與其他國際性城市相比，只能相形見絀。

9　據統計，香港的應屆大學畢業生的平均薪酬僅為港幣 16,892 元。https://www.humanresourcesonline.net/fresh-graduates-salaries-and-job-hunt-mentality-2019/。

2. 樓價高企

導致香港青年不滿的第二個物質因素是樓價高企。

香港寸土寸金，樓價高企問題幾乎困擾着每一位上班族。對於很多香港青年而言，「置業」是一個遙不可及的夢想。有調查顯示，2016 年有計劃置業的青年只有 26.6%，較 2006 年數據減少約三成。另有調查顯示，2015 年，香港樓價中位數是香港人年收入中位數的 19 倍，創全球最高。

2015 年，明光社生命及倫理研究中心委託香港理工大學應用社會科學系社會政策研究中心，以全港電話隨機調查一項名為「香港人置業行為與態度研究」的研究課題。是次調查發現：受訪青年因為住屋問題影響婚姻（15.6%）及生育計劃（14.8%）；34.1% 受訪青年因為住屋問題而希望移民；40.9% 受訪青年因為住屋問題而調低生活質素，如節衣縮食、減少旅行及消閒享樂等；45.5% 的 20 至 29 歲及 38.9% 的 30 至 39 歲租戶，同意「不能置業以致徬徨無助」，對比屬同一年齡組別，但已是業主的比率為低，而 61.1% 的 20 至 29 歲與 76.5% 的 30 至 39 歲租戶，認同「已經完全放棄買樓」，對比同組別已是業主的比率為高；僅有 33.3% 青年租戶感到自己處於安居樂業。[10]

就本章而言，接受訪談的四十名香港青年可以分為兩類。一類是那些在牛津、劍橋等世界知名大學就讀的學

---

10 明光社生命及倫理研究中心、香港理工大學社會政策研究中心（2015）：《香港人置業行為與態度研究》，https://www.truth-light.org.hk/nt/statement/ 香港人置業行為與態度研究 - 調查報告。

生,以及那些在本地大學修讀法律、醫學、商科等所謂「精英專業」的學生。另一類則是那些修讀「普通專業」的學生。按照通行的社會標準,前者被認為「更有能力」,預期工資水準更高;後者則與大多數青年情況相若,預期工資水準較低。

前者較為關心置業問題。他們普遍認為,在自己的能力範圍內,置業依然是可以實現的。在買得起房的情況下,樓價高企反而有利於進一步鞏固他們的社會經濟地位。因此,他們對住房問題的不滿相對較少。相比之下,後者對置業持悲觀態度。由於收入較低,他們普遍充滿無助感,並承認買房已被排除在他們現階段的人生規劃之外。[11] 他們已經降低了對物質幸福感的要求,只要求一般生活需求得到滿足即可。在住房問題上,他們可以與父母同住,或租住私樓及公屋,然後從長計議。

在訪談過程中,我們要求受訪者為自己對社會的不滿程度打分(滿分為 100 分)。統計結果顯示,前者平均為81.4 分,後者平均為 90 分。對買樓持悲觀態度的青年,對社會的不滿程度更高。

不過,我們的調查亦表明,兩者之間的分數差距較小,只有 10 分左右。換言之,樓價高企可能不是青年頻繁參與社會運動的主要原因。受訪者普遍表示,雖然樓價高

11　不過,雖然房屋需求並不是最激怒被訪者的問題,但必須注意的是,由於所涵蓋的年齡組別不夠代表性,調查結果容易受到選擇偏差的影響。這是合理的,隨着年齡的增長,隨着家庭重心的出現,對住宅需求的重視也會增加。

企令他們感到壓力，但他們不滿情緒的主要來源並不是住房問題，而是因為他們感覺到自己的價值觀被冒犯；無論是否買得起房，他們都有很強烈的不滿情緒，並積極參與一些集會、遊行和示威活動。這表明，在人們普遍關注的社會經濟動因以外，香港的青年運動背後還存在複雜的意識形態動因。

（二）意識形態原因

很多人注意到，香港作為一個經濟城市，正在變得愈來愈「政治化」。無論是傳統的「建制」與「泛民」之爭，還是近來的「藍絲」與「黃絲」之爭，很大程度上都是意識形態之爭。一般而言，香港青年被視為「泛民」和「黃絲」陣營的主力。我們有必要探討，香港青年為何傾向於採取這樣的意識形態立場。

1. 質疑特區政府施政能力

導致香港青年不滿的第一個意識形態因素，是不認可特區政府施政能力。

在很長一段時間裏，香港政府都以其專業、廉潔和高效率著稱於世。例如，根據瑞士洛桑國際管理學院（IMD）2017 年發佈的《世界競爭力年報》，香港的國際競爭力高踞榜首。《年報》按政府效率、營商效率、經濟表現及基礎建設四大競爭力因素的平均表現，衡量競爭力。香港在頭兩項指標中高踞榜首，後兩項則排第 11 及 20。當中「政府

效率」有五項副指標，包括「公共財政」、「稅制」、「商業法規」、「政制框架」及「民生政策」，每個副指標下設七至二十個細項指標。香港在首三項皆名列前茅。[12]

　　然而，受訪者普遍不認可特區政府的施政能力。有受訪者認為，當社會需要更多醫療專業人員、社區護理服務、房屋供應等時，特區政府卻選擇力推還不成熟的「明日大嶼」計劃。一些受訪者表示，他們不是否認這一政策的潛在收益，而是對特區政府在施政過程中的「資源錯配」現象感到不安，即特區政府不回應市民的直接訴求，卻花費大量時間、精力和資源，優先處理其他事務，長此以往將反過來損害特區政府的認受性。此外，有受訪者認為，香港一直有「諮詢型政治」的傳統，政府在正式推行重大政策前，要進行廣泛的諮詢工作，以集思廣益，增強政策合理性；但近年來，這一政治傳統愈來愈不受重視，特區政府不能充分了解民意，導致施政能力下降。

2. 政治訴求得不到滿足

　　導致香港青年不滿的第二個意識形態因素，是政治訴求得不到滿足。

　　一直以來，香港政治的基本特徵就是「行政主導」，又被稱為「行政吸納政治」。根據金耀基的論述，「『行政吸納政治』是指一個過程，在這個過程中，政府把社會中

12　IMD. (2018). The 2017 IMD World Competitiveness Ranking. Https://www. imd.org/wcc/docs/release-2017.

精英或精英團體（elite group）所代表的政治力量，吸收進行政決策結構，因而獲致某一層次的『精英整合』（elite integration），此一過程，賦予了統治權力以合法性，從而，一個鬆弛的、但整合的政治社會得以建立起來」。[13]

在這一管治策略之下，1970 年代以後，香港的公務員隊伍迅速發展壯大，並培養出一批熟悉本地政治運作、積累了一定政治資本的高級公務員。特區政府的大部分高官，甚至是有幾任行政長官，都出身於負責制定和推廣政策的政務職系（AO）。港英政府撤退前推行的政制發展改革，使香港從一個單純的經濟社會，變得迅速「政治化」。很多香港市民，尤其是中產階級，都接受一種觀點：香港是一個發達的資本主義社會，「持份者」應當對政府施政有更大發言權。

香港基本法制定期間，中央曾透過香港基本法諮詢委員會廣泛徵求市民意見。最終，中央尊重香港社會各界的意見，採取了「循序漸進」的民主化原則。基本法在保留行政長官選舉委員會和立法會功能組別議席的同時，將行政長官和立法會的「雙普選」作為政制發展的一個長遠目標。

香港回歸祖國以來，中央和特區政府積極推動香港政制發展，香港政制的民主程度不斷增強。然而，泛民主派

13　相關批評，可參見吳增定：〈行政的歸行政，政治的歸政治〉，《二十一世紀》，2002 年，第 12 期；強世功：《中國香港：政治與文化的視野》，北京：生活・讀書・新知三聯書店，2014 年。

對由中央主導的特區政府推行的香港政制改革並不滿足，尤其是反對全國人大常委會「八三一決議」為普選行政長官所設定的制度框架。2014 年，泛民主派發起了爭取所謂「真普選」的非法「佔中」；2015 年，泛民主派又「捆綁式」否決了特區政府提出的政改方案。自此，香港政制發展陷入停滯。

受自由主義等政治思潮影響，香港青年普遍認同民主政制，並認為政府官員應當具有問責精神，以反映和兼顧不同社會階層的利益。很多受訪者表示，由於沒有「雙普選」，香港特區目前的權力機關和政界人士普遍不能代表公眾利益，這一政治現狀使他們很不滿。更確切地講，理由主要有三。

第一，很多受訪者認為，如果以「民主」為標準，香港政府一直引以為傲的「行政主導」已經過時。有受訪者表示：「政治委任官員與大眾政治的聯繫最少，且並非經選舉產生，沒有市民的授權，所以不直接代表社會任何階層的利益。然而，他們卻掌握制定政策的權力，這是有問題的。」有受訪者認為：「政務主任的政治影響力很大，但卻不受相應的問責，因此缺乏認受性。」還有受訪者認為，公務員體系較為封閉，評價標準較為單一，政務主任容易與社會脫節，致使管治過程中失誤頻發。

第二，有受訪者認為，在以地產商為主的大財團壟斷香港政經脈絡的情況下，香港的權力分配不均衡，特區政府更傾向於與利益團體及建制派聯繫，而不是進行更廣泛的公眾諮詢，這導致施政容易「離地」。雖然受訪者普遍承

認專業知識在政策制定過程中的重要性，但很多人都提及立法會功能界別制度的認受性問題。有受訪者表示：「立法會有 35 名議員是功能界別選出的，他們只代表行業利益，而不代表更廣泛的公眾利益，因此代表性存在疑問。」有受訪者認為：「功能組別議席雖然選民人數較少，但卻擁有與分區直選議席一樣的權力。分區直選議員提出的很多法案，都會在『分組投票』階段，被功能組別議員否決，這是不公平的。」有受訪者認為，部分功能界別實行公司團體票制度，進一步削弱了功能界別議席的認受性。還有受訪者認為，拋開功能界別制度不論，「香港的政黨和政治團體都過於『政治化』，立法會議題經常與民生問題無關，更多只是意識形態爭議，這使得立法會每次開會都更像一場政治表演」。[14]

第三，有受訪者認為，特區政府的決策過程缺乏透明度，公共參與的管道不足，青年也只是政策後果的被動接受者。有受訪者表示，香港特區的高級官員和社會領袖都是五十歲以上，已經與青年一代失去了聯繫，難以了解青年一代的所思所想。還有受訪者表示，香港是一個商業社會，智庫、非政府組織及政治團體遠未成熟，而特區政府的諮詢工作也經常忽略青年一代的觀點。

14　採訪工作完成於 2019 年，即完善香港選舉制度之前，故部分受訪者的意見與表述不適用於當前香港選制。

3. 國家認同不足

導致香港青年不滿的第三個意識形態因素，也是最根本的因素，是國家認同不足。

中國是單一制國家。同時，根據基本法，全國性法律在香港特區的實施，應以本地自行立法為中介。從表面看，在主權國家內，作為地方政府的特別行政區通過立法、行政管理等方式自行推進當地居民履行國民義務並不是難事，這既是特別行政區的憲制義務，也是單一制國家的本義。但實際上，「23 條立法」、「國民教育科」等立法和政策的制定及實施，高度依賴香港社會的基本共識和香港居民的政治認同。近年來，有觀察者指出，部分香港青年幾乎「逢中必反」，引發了一系列管治危機，其根本原因即在於國家認同不足。香港居民的國家認同問題不解決，一切致力於使香港融入國家發展大局的法律改革，都將面臨重重阻力。

根據香港大學民意研究計劃（香港民意研究所前身）數據，從 1997 年到 2008 年，香港居民對「自己作為是中國人」的身份認同是不斷上升的。調查顯示，1997 年 8 月，共有 19% 的受訪者認同「自己是中國人」；到了 2008 年 6 月，也就是汶川地震和北京奧運期間，這一比例上升超過一倍，達到 39%。然而，2008 年以後，數據開始下行，特別是在年輕人當中，對中國的抗拒情緒十分普遍。到了 2017 年底，只有 15% 的受訪者認同「自己是中國人」；而 18 至 29 歲的受訪者中，更是只有 0.3% 認同「自己是中國人」。

　　對此，有香港傳媒界人士表示：「香港的主權是回歸給中國了，英國人走了，但是香港人心並沒有回到中國，就是所謂國家認同。香港人多數還是不願意承認自己是中國人，多數還是認為自己是香港人。而且在年輕一代中間，還有與中國漸行漸遠的一個趨勢。」[15]

　　值得一提的是，近年來，香港居民的國家認同問題還呈現出新的特徵。新興政治勢力「本土派」的興起，打破了自 1980 年代港英政府開啟「代議政制改革」以來，香港的政治版圖曾長期處於的「建制」和「泛民」二分天下的局面。在政治上，他們主張建構香港的主體意識，捍衛香港的文化、制度、價值觀念及生活方式。在經濟上，他們站在「香港優先」立場，反對國家主導的區域一體化進程（如粵港澳大灣區建設）。在社會文化上，他們主張，為了避免「大陸化」，香港人應當團結一致，與內地保持距離，乃至相互隔離。這種本土主義論述，對於國家認同日益薄弱的香港青年而言尤其有吸引力。

　　大部分受訪者表示，自己對國家缺乏認同感和歸屬感。對此，他們提供了以下五方面原因。

　　第一，香港是一個發達的資本主義經濟體，其價值觀念及生活方式與內地存在很大差異。當被問及「何為香港的核心價值」時，受訪者提供了各種各樣的答案，其中包

15　《金鐘：香港回歸 20 年 香港人心沒有回歸》。法國國際廣播電台，2017 年 7 月 4 日。https://www.rfi.fr/tw/ 港澳台 /20170701- 金鐘：- 香港回歸 20 年 - 香港人心沒有回歸。

括：民主、法治、人權、自由、平等、勤奮和道德。被問及對內地的看法時，很多受訪者都表達了較為負面的觀點，並對國家的管治質素表現出不信任態度。例如，受訪者普遍認為，由於香港與內地在價值觀念上缺乏共識，強制性的國民教育只會製造「愛國主義的幻覺」，而不會培養出對國家發自內心的自豪感。很多受訪者表示，他們會盡力維護香港的核心價值，不會輕易放棄和妥協。

　　第二，香港被英國殖民統治了一百多年，與祖國內地的聯繫不夠充分。有受訪者表示，無論是自己，還是自己的父母輩，都很少回內地，短期內難以建立起國家認同。此外，還有受訪者表示，自己家中老一輩人當年都是逃難到香港，他們對內地持抗拒心態，並且將這種抗拒心態傳遞給了下一代。

　　第三，一些香港居民對「一國兩制」方針政策有着不同於官方的理解。2014 年發佈的《「一國兩制」在香港特別行政區的實踐》白皮書指出：「中國是單一制國家，中央政府對香港擁有全面管治權。香港的高度自治權不是固有的，其唯一來源是中央授權。香港享有的高度自治權不是完全自治，也不是分權，而是中央授予的地方事務管理權。」[16] 然而，有受訪者無法接受「全面管治權」概念，並表示，自回歸以來，中央通過人大釋法等制度機制，加強對香港的全面管治，收緊了「高度自治」的空間，使他們

16　國務院新聞辦公室：《「一國兩制」在香港特別行政區的實踐》（2014 年 6 月 10 日）。

感覺原有的生活方式沒有受到尊重。

第四，自回歸以來，隨着香港與內地的交流日益頻繁，在此過程中出現了一些摩擦，影響了香港居民對國家的信任度。有受訪者表示，自由行開放以來，大量內地遊客湧入，雖然極大提振了香港經濟，但也給香港社會帶來了很大負擔，普通市民的日常生活受到影響，但經濟收益大多歸於大財團，這是很多市民對國家不滿的一個原因。有受訪者表示，由於單程證等制度，香港社會形成了一個疏離於原有價值觀念和生活方式之外的「新移民」群體，激化了社會矛盾，並對原有的「香港人」社群形成了「稀釋作用」。在香港融入國家發展大局的過程中，不可避免會遭遇一些「陣痛」，非常考驗為政者的智慧。

第五，香港青年與特區政府之間存在一定程度的溝通不暢的問題，影響了香港青年對國家的看法。有受訪者表示，在香港這樣一個「後物質社會」中，青年關注的更多是精神幸福感，而不是物質幸福感，尤其是當香港的住房問題一時難以解決時，青年便會將目光投向民主、平等、問責等政治價值，以及與之相伴的政治參與，並認為政制民主化將有利於解決香港的社會問題。在這種情況下，青年問題不只是單純的經濟問題。特區政府「派錢」乃至推動財富再分配，或許有助於緩解社會矛盾，但無法根本上解決管治危機。有受訪者表示：「單純的『派糖』政策不可能解決問題，因為它與青年的訴求南轅北轍。」還有受訪者表示：「政府愈是派錢，青年愈覺得自己的訴求沒有得到尊重，這會形成一個負面的循環，加劇青年的不滿情緒。」

有受訪者表示:「當青年不能在生活中發現意義,消極情緒就會產生。」當政府的青年政策與青年的主要訴求出現「錯配」時,青年的不滿情緒會與日俱增,在意識形態分歧加劇的情況下,不少青年將怒火投射到國家身上,甚至將國家視為一切問題的根源,對國家產生抵觸情緒,從而進一步削弱了國家認同。

　　香港居民尤其是香港青年的國家認同不足,是香港管治危機的根本原因。有學者將「回歸」分為「政治回歸」與「人心回歸」,這一區分或許有一定啟示價值。在國家認同不足的情況下,香港融入國家發展大局將面臨阻力,香港的青年事務也將遭遇掣肘,稍有不慎,便會引發管治危機。

第三節　香港青年政策的有關建議

在如前所述，青年幸福感分為物質幸福感和精神幸福感，香港青年的不滿則來源於這兩方面幸福感的缺失。一方面，香港長期積累的社會經濟問題已經影響到青年的基本生活，應當予以正視，並研究解決方案。另一方面，精神幸福感的缺失，及其背後複雜的意識形態因素，則是引發香港青年不滿情緒的最重要原因，應當認真對待。在這一部分，我們嘗試從這兩方面提出政策建議，供有關部門參考。

（一）緩解民生壓力

第一條政策建議是，有關部門應多管齊下，緩解青年在就業和置業方面的壓力。

巨大的貧富差距，以及大量的貧困人口，構成了香港社會的深層次矛盾。在面臨就業和置業雙重壓力的情況下，部分香港青年無視香港特殊的社會經濟政策，將香港的社會矛盾，以及經濟的周期性波動，歸因於國家的「剝削」，甚至變得「逢中必反」。因此，為政者應正視香港青年的貧困問題。特區政府如能利用「一國兩制」的制度優勢，從根本上緩解香港的貧窮問題，將極大地增加國家認同，促進人心回歸。具體而言，應注意以下四點。

第一，為青年提供就業培訓，創造就業機會。

青年貧窮的一個重要原因，在於他們沒有接受必要的

專業教育，因此難以找到就業機會。特區政府應加大對貧窮青年的就業培訓，並努力創造就業機會，避免青年貧窮問題被轉化為政治問題。

根據香港特區政府統計處 2021 年 3 月 16 日公佈的數據，2020 年 12 月至 2021 年 2 月經季節性調整的失業率為 7.2%，是自 2004 年以來的最高水平。另據特區政府 2 月底公佈的住戶調查統計，以年齡劃分，20 至 24 歲青年失業情況最嚴重，2020 年第四季度共錄得 3.74 萬人，同比激增 64%，失業率高達 17.1%；其次則是 25 至 29 歲組別，失業人數為 3.27 萬人，同比增加 92%。因此，特區政府需要繼續加大力度，在同心抗疫的同時着力創造青年就業機會。

第二，善用粵港澳大灣區的制度紅利，緩解青年就業和置業壓力。

《粵港澳大灣區發展規劃綱要》提出，在大灣區為青年人提供創業、就業、實習和志願工作等機會，推動青年人交往交流、交心交融，支持港澳青年融入國家、參與國家建設。目前，廣東已出台多項政策鼓勵支持港澳青年到大灣區城市創新創業。特區政府應善用粵港澳大灣區制度紅利，為香港青年北上就業和置業搭建橋樑，減少香港青年的就業和置業壓力。

行政長官林鄭月娥也於《2020 年施政報告》中宣佈推出「大灣區青年就業計劃」，鼓勵在香港及大灣區有業務的企業，聘請及派駐本地大學 / 大專院校畢業生到大灣區內地城市工作，名額 2,000 個，當中約 700 個專為創科職位而設。勞工及福利局局長羅致光 2021 年 4 月 11 日在網誌

發表文章指，截至 4 月 7 日已有 275 間企業提供逾 2,000 個職位空缺，其中過半數是創科職位，並有共 5,727 個求職申請。相信如果特區政府能繼續推行「大灣區青年就業計劃」，並與大灣區內地各城市繼續商討進一步的合作，香港青年的就業和置業壓力將得到很大緩解。

第三，增加土地供給，減少公屋輪候時間。

香港住房用地，兩成為公營房屋用地，一成為私營房屋用地，而有七八成為新界丁屋用地。未來如不解決新界土地問題，香港的住房用地將愈來愈緊張，樓價必將居高不下。政府應研究解決新界土地問題，以為興建公屋提供土地儲備，增加公屋供給，減少輪候時間，使青年居有其屋，可以更專注於自我發展。

根據房屋委員會數據，在 2020 年 12 月底，約有153,900 宗一般公屋申請，以及約 99,500 宗配額及計分制下的非長者一人申請。一般申請者的平均輪候時間為 5.7 年，當中長者一人申請者的平均輪候時間為 3.4 年。可以看到，無論是公屋數量還是輪候時間都難以滿足市民需求。

財政司司長陳茂波在 2021 年 2 月表示，公營房屋方面，政府已覓得於未來十年興建 316,000 個單位的土地。按預測，2020 至 21 年度起計的五年內，公營房屋總建屋量約101,400 個單位，包括超過七萬個公共租住房屋及綠表置居計劃單位，以及逾三萬個其他資助出售單位。他又提到，政府會繼續推展過渡性房屋，覓得的土地可在 2023 年底前提供約 14,000 個單位。特區政府的相關計劃具有可行性和前瞻性，若能切實加快建屋速度，增加土地供給，減少公

屋輪候時間，相信可以在很大程度上解決香港青年所關心的一大民生問題。

第四，不應用「經濟決定論」思考政治問題。

一直有觀點認為，香港青年不滿的根源在於，地產商徹底壟斷社會資源，導致貧富差距過大、貧窮人口過多。這一觀點有一定道理。但我們的研究表明，雖然樓價高企令香港青年倍感壓力，但他們不滿情緒的主要根源在於意識形態層面的考慮。換言之，香港的青年運動雖然有其社會經濟面向，但本質上依然是一個政治問題，不能完全用「經濟決定論」來思考。有關部門在對「一國兩制」和香港管治進行頂層設計時，應明確「政治的歸政治，經濟的歸經濟」，避免用「經濟決定論」思考政治問題，用簡單的「派糖」政策取代國家認同培育，以免適得其反。

（二）加強政治互信

第二條政策建議是，有關部門應進一步推動內地與香港、澳門開展溝通交流活動，特區政府應加強對民意的徵求和諮詢工作，以增強各方政治互信，促進香港和澳門融入國家發展大局。具體而言，應注意以下四點。

第一，加強區域間的溝通交流活動，努力增強香港與內地的政治互信。

受歷史、政治、文化等諸多因素影響，內地居民與港澳居民間的相互了解不夠充分，容易產生誤解，進而影響到日常交流與區域融合。因此，有關部門應進一步推動區

域間在政治、經濟、文化、教育等領域的溝通交流活動。

　　《十四五規劃綱要》提出，深化並擴大內地與香港金融市場互聯互通，加強兩地各領域交流合作，並首次把河套深港科技創新合作區納入粵港澳重大合作平台建設；完善便利港澳居民在內地發展和生活居住的政策措施，加強憲法和基本法教育、國情教育、增強港澳同胞國家意識和愛國精神。特區政府應繼續與廣東省政府、深圳市政府及其他大灣區地方政府制定合作項目，積極參與建設粵港澳大灣區，促進香港的法律及解決爭議服務在大灣區內持續發展。

　　同時，《十四五規劃綱要》一如既往支持香港提升國際金融、航運、貿易中心地位，強化香港作為全球離岸人民幣業務樞紐、國際資產管理中心及風險管理中心，支持香港建設亞太區國際法律及解決爭議服務中心，支持香港服務業向高端高增值方向發展；亦加入了支持香港提升國際航空樞紐地位、支持香港建設國際創新科技中心和區域知識產權貿易中心，以及支持香港發展中外文化藝術交流中心。作為一個高度法治化、市場化、國際化的經濟體，香港應積極成為國內大循環的「參與者」和國際循環的「促成者」，強化跳板、中介人、高增值服務平台、國際人才庫和資金池、試驗田、防火牆等角色和功能，促進與豐富內地市場與國際市場的互動和對接以及國家標準和國際標準的對接，更好地融入與服務國家發展大局。

　　第二，重視政策出台前的諮詢工作，努力增強香港市民與特區政府的政治互信。

香港的政治體制是「行政主導」，其中一個重要環節就是重視政策出台前的諮詢工作。政府在出台政策前，一般要面向社會各界做廣泛而深入的諮詢工作，一方面通過細緻的宣傳和講解，爭取社會支持，另一方面集思廣益，增強政策的科學性和有效性。「修例風波」之所以爆發，除了香港市民的國家認同不足之外，還有一個不可忽視的原因，就是前期諮詢工作不足，對民意了解不夠。因此，特區政府應重視香港的「諮詢政治」傳統，充分利用各種官方與非官方諮詢組織，切實做好政策出台前的諮詢工作。

同時，特區政府應改革諮詢委員會制度，再度調整委員會組成及運作模式，吸納不同光譜、背景青年加入諮詢架構，遵守「六六制度」指引（即非官方成員出任組織的同一職位不可超過六年，亦不應同時擔任多於六個委員會的職位），以保障公眾人士有平等機會通過諮詢機構參與社區服務。

第三，減少極端言論，努力增強內地居民與港澳居民間的政治互信。

由於香港居民與內地居民彼此了解不夠充分，每當發生兩地矛盾時，網絡輿論很容易走向極端。任何諷刺性質的標籤式稱謂，都無助於客觀地討論問題，也不利於增進兩地民眾的友好交流。不可否認，香港回歸至今已有近二十四年，但內地居民與港澳居民之間仍有一定程度的隔閡，彼此有許多標籤化的偏見和刻板印象，更加密切的往來也產生更多利益糾葛和摩擦。每當發生一些涉及內地與香港或澳門的矛盾時，網絡輿論很容易走向極端，甚至會

出現人身攻擊和辱華言論。任何諷刺性質的標籤式稱謂，都無助於客觀地討論問題，也不利於增進兩地民眾的友好交流，只會增加雙方的惡意與仇恨。因此，一方面，內地與港澳應加強公民教育，培養互相理解的健康心態；另一方面，涉及「一國兩制」的用語，應避免過度政治化，不斷增強內地居民與港澳居民間的政治互信，營造互相尊重的社會環境。

第四，鼓勵全方面、跨學科的港澳研究。長期以來，對「一國兩制」和港澳基本法研究，大體採取的是法律規範主義的路徑。學者主要依託憲法、基本法、全國性法律和香港法例等規範性文件，針對「一國兩制」實踐中遇到的具體問題，如中央對特區全面管治權的法理基礎、內地與港澳間的司法互助機制、粵港澳大灣區建設中的金融創新等，進行抽象的法律分析。這種成熟的研究範式有利於迅速回應和解決現實問題，維護「一國兩制」制度體系的有效運轉。然而，徒法不足以自行。法律只是一種治理技術，但社會治理是一項系統工程。法律的有效實施，需要以良好的社會環境和普遍的心理認同為基礎。因此，單純的規範性研究，不足以為「一國兩制」實踐提供足夠的智力支援。因此，有關部門、高校和智庫應鼓勵和開展跨學科的港澳研究，支持從歷史、社會、思想等角度出發研究「一國兩制」和基本法，廣泛了解香港的歷史文化、社會結構、深層矛盾，為「一國兩制」的頂層設計提供支援。

（三）塑造國家認同

第三條政策建議是，有關部門應以憲法和基本法為基礎，以中華文化為切入點，研究和設計相關課程體系，輔以各種文化交流活動，對港澳居民尤其是青年一代開展國民教育，以加強社會整體的國家認同。

由於香港實行不同於內地的資本主義制度，兩地居民在生活方式、思維習慣、教育方式等方面，存在先天的較大差異。香港居民尤其是中產階級，在意識形態上普遍傾向自由主義，對社會主義心懷疑慮，也是一個客觀事實。在這種情況下，稍有不慎，國民教育便無法順利進行。為保證國民教育推廣有序、收效明顯，建議：

第一，寓教於樂，循序漸進。

對香港青少年來說，第一課應該是上好國民教育。香港的教育必須幫助青少年建立對「一國兩制」的價值認同，必須培養學生對國家和民族的情感認同，從而造就國家和香港的合格公民。這也是香港社會各界的共同責任。但是，冰凍三尺非一日之寒。香港的社會對立和撕裂持續日久，社會氛圍也高度緊張，任何與「一國兩制」相關的議題，都很容易引發爭議。因此，國民教育應堅持寓教於樂、循序漸進的原則，具體的設計和執行等一系列環節，都必須經過深入研究和周密論證，避免僵化的政治說教。

第二，弘揚中華文化，培育國家認同。

香港走過百年英國管治時期，長期受西方文化影響，且在上世紀六十到八十年代期間遠比內地繁榮發達，造成

香港人對「港人」身份的優越感，對自己民族的文化缺少了解欲望和自豪感。如果年輕一代不懂欣賞源遠流長的中華文化，不懂欣賞中華民族的自強不息精神，甚至抗拒、排斥，是沒有了自己的根。沒有對中華文化的認同和熱愛，也就是失去了作為中華文化傳統的保存，沒有了對中國文化的認同，也沒有了作為中國人應有的品格和思想。

但是，廣大港人愛國的情懷始終一貫傳承。尤其是祖國改革開放，使廣大港人迸發了愛祖國、愛民族的血濃於水的割捨不斷的情感。優秀傳統的中華文化潛移默化深刻影響着香港，廣大港人一直傳承着中華民族的優秀文化，思鄉念親、回鄉探親、扶鄉助親、愛鄉愛親、祭祖拜年等已成了潮流，每逢祖國傳統的節日廣大港人都要北上回鄉，這是中華優秀傳統文化在香港傳承的一種強大形式。

正如習近平主席所說，「文化認同是最深層次的認同，是民族團結之根、和睦之魂」。[17] 香港是一個以華人為主體的社會，同時由於未經歷過大規模政治運動的衝擊，香港在傳統和習俗上還保留了很多中華文化的印記，這為開展國民教育提供了便利條件。香港的國民教育應以弘揚中華文化為切入點，並研究和設計相關課程體系，輔以各種文化交流活動，從而通過加強學生對中華文化的認同培養其對中華民族的認同。

第三，加強憲法和基本法教育。

17　〈習近平參加內蒙古代表團審議〉，新華社，2021 年 3 月 5 日。

　　香港是一個法治社會，在「一國兩制」方針下，按憲法與基本法辦事。因此，國民教育應將憲法與基本法作為重要內容，幫助香港居民更全面、準確地理解「一國兩制」、「港人治港」和「高度自治」的基本方針，建立年輕人的守法意識。

　　值得注意的是，在香港，關於基本法的宣傳教育已經推行多年，但是關於中國憲法是否香港基本法教育的重要構成部分，在香港似乎未有足夠的討論和認識。關於香港基本法的教育和關於中國憲法的教育是密不可分的，如果對中國憲法沒有足夠的認識和了解，便很難充分認識和了解香港特別行政區基本法。這不單是因為香港基本法是根據中國憲法（尤其是憲法的第 31 條）制定的，更是因為香港基本法並不是一份可以獨立於憲法而存在和不證自明的法律文件，香港基本法是衍生於和從屬於中國憲法的法律文件，因此可以說憲法是「母法」，基本法是「子法」。

　　因此，在香港推行公民教育和基本法教育，其中一個重要元素，必須是關於中國公民這個概念的教育，公民是一個國家的成員，要了解什麼是公民，便要了解什麼是國家。要了解什麼是國家，必須了解這個國家的憲法，因為一部憲法便是一個國家的根本大法，憲法所敘述的故事（例如中國憲法的序言所敘述的故事），便是這個國家及其國民的歷史、文化和當前的境況的一個縮影。

　　讓學生全面和準確地理解憲法和基本法，建立正面的價值觀和態度，並對社會有承擔，成為具有國家觀念、香港情懷和國際視野，才德兼備的新一代，特區政府責無旁

貸。最高人民檢察院、教育部和司法部均曾表示，將支持香港特區推進課程改革，加強憲法和基本法教育。故而國民教育應將憲法與基本法作為重要內容，幫助香港居民更全面、準確地理解和貫徹落實「一國兩制」方針。

後記

　　二十世紀七十年代末八十年代初，中國政府決定收回香港，恢復對香港行使主權，實行「一國兩制」、「港人治港」、高度自治的方針，由此擘畫了香港回歸後發展的藍圖，開啟了「一國兩制」下香港政治的新篇。1997 年香港回歸以來，在香港全面、準確貫徹實施「一國兩制」方針，創制了香港特別行政區的民主制度，並在實踐中支持其不斷發展完善。

　　誠如《「一國兩制」下香港的民主發展》白皮書所說，「『一國兩制』不僅是解決歷史遺留的香港問題的最佳方案，也是香港回歸後保持長期繁榮穩定的最佳制度，並且是香港特別行政區民主發展的根本保障……作為中國共產黨和中國政府的偉大創舉，『一國兩制』在香港的實踐已經取得巨大成功，顯現出強大生命力和制度韌性」。但是，香港社會仍然需要進一步的正本清源、撥亂反正、凝聚共識，香港特別行政區的政治制度仍需進一步調整、完善及改革，「一國兩制」在香港的適應性變革仍然等待着我們去續寫新的歷史篇章。

　　本書全面回顧中共十八大以來「一國兩制」方針在新時代的繼承與發展，結合「一國兩制」方針發展演進的歷史脈絡，進一步總結中央人民政府對香港特別行政區政制發展的原則

立場，同時就香港特區政府的政治委任制度、公務員制度和青年政策等若干問題進行具體分析和提出改革建議，希望能夠協助推動香港特別行政區政治制度穩步向前發展，切實服務香港「一國兩制」實踐行穩致遠，實現香港良政善治。

今天，香港特別行政區正迎來撥亂反正、由亂到治、由治而興的新階段。我們相信，隨着「香港國安法」的實施和選舉制度的完善，「愛國者治港」的局面將更加穩固，香港的法治和營商環境將更加優良，社會氛圍將更加和諧，長期困擾香港的各類深層次矛盾和問題將更有條件得到逐步解決。一個政治民主、法治健全、自由開放、包容和諧、繁榮穩定、胸懷祖國、面向世界的香港必將更好地呈現在世人面前，「一國兩制」在香港的實踐必將取得更大的成功，香港這顆璀璨的明珠必將綻放更加絢麗奪目的光彩。

本研究項目的首席研究員是香港大學政治與公共行政學系副教授、中國制度研究中心總監閻小駿博士。

本書由林東蔚先生統稿。參加本書及課題研究不同階段工作的香港大學團隊成員及學生包括：林東蔚先生、康向宇先生、梁允希小姐、陳浩然先生、格桑卓瑪小姐、劉珮因小姐、馬紹祥先生、蘇詠敏小姐、蔡順安先生、陳建博先生、鄒若樺小姐、袁旻君小姐、潘禾脩先生及馮林軒先生。

夏璐副教授（中國人民大學）及周凱副教授（上海交通大學）參加本書有關旋轉門制度內容的研究及撰寫工作。

林晉業先生（英國牛津大學）參加本書有關青年問題的部分研究及撰寫工作。

中華書局（香港）有限公司總經理兼總編輯侯明女士、副

總編輯兼學術出版分社社長黎耀強先生對本書出版給予大力支持，在此我們謹表示衷心謝意。

　　需要指出的是，本書所基於的研究完成於 2019 年底、2020 年初，有一些內容僅反映當時的政策狀況。雖然之後經過我們更新和補充，但書中不少地方仍保持了原貌，此點敬希讀者朋友們在閱讀時予以注意。由於我們的知識和水平有限，書中仍存的其他錯漏之處，除完全由我們負責外，也請各界讀者朋友惠予指正。

香港大學中國制度研究中心

2022 年 3 月於香港薄扶林

守正之中開新局

「一國兩制」在香港的適應性變革

香港大學中國制度研究中心叢書

香港大學中國制度研究中心　編著

責任編輯　黎耀強
裝幀設計　吳丹娜
版式設計　簡雋盈
排　　版　陳美連
印　　務　劉漢舉

出版

中華書局（香港）有限公司

香港北角英皇道四九九號北角工業大廈一樓 B

電話：（852）2137 2338

傳真：（852）2713 8202

電子郵件：info@chunghwabook.com.hk

網址：http://www.chunghwabook.com.hk

發行

香港聯合書刊物流有限公司

香港新界荃灣德士古道兩百二十至兩百四十八號

荃灣工業中心十六樓

電話：（852）2150 2100

傳真：（852）2407 3062

電子郵件：info@suplogistics.com.hk

印刷

美雅印刷製本有限公司

香港觀塘榮業街六號海濱工業大廈四樓 A 室

版次

2022 年 5 月初版

©2022 中華書局（香港）有限公司

規格

32 開（210mm×140mm）

ISBN

978-988-8807-42-0

本研究項目獲
中華人民共和國香港特別行政區政府
政策創新與統籌辦事處
策略性公共政策研究資助計劃資助